KB028827

한의사라서,
　　행복한 일은 매일 있어

한의사라서,
행복한 일은 매일 있어

초판 1쇄 인쇄 2019년 3월 29일
초판 1쇄 발행 2019년 4월 5일

지은이   김민정
펴낸이   우세웅
기획총괄   우 민
책임편집   이지현
기획 · 마케팅 정우진
북디자인   신은경

펴낸곳   슬로디미디어그룹
출판등록   제25100-2017-000035호(2017년 6월 13일)
주소   서울특별시 마포구 월드컵북로 400,
        서울산업진흥원(문화콘텐츠센터)5층 2호
전화   02) 493-7780
팩스   0303) 3442-7780
전자우편   wsw2525@gmail.com(원고투고 · 사업제휴)
홈페이지   http://slodymedia.modoo.at
블로그   http://slodymedia.xyz
페이스북 · 인스타그램 slodymedia

Copyright ⓒ slodyMedia, 2019

ISBN 979-11-88977-24-6 13190

※이 책은 슬로디미디어와 저작권자의 계약에 따라 발행한 것으로 본사의 허락 없
 이는 무단전재와 복제를 금하며, 이 책 내용의 전부 또는 일부를 사용하려면 반
 드시 저작권자와 슬로디미디어의 서면 동의를 받아야 합니다.
※잘못된 책은 구입하신 서점에서 교환해 드립니다.

이 도서의 국립중앙도서관 출판예정도서목록(CIP)은 서지정보유통지원시스템
홈페이지(http://seoji.nl.go.kr)와 국가자료공동목록시스템(http://www.
nl.go.kr/kolisnet)에서 이용하실 수 있습니다.
(CIP제어번호 : 2019011093)

한의사라서,
행복한 일은 매일 있어

김 민 정 지음

슬로디미디어

CONTENTS

한결같은 마음으로 감동을 주다

나의 속 깊은 친구, 한의사 민정 씨는 해외에서 그를 기다리고 있던 나를 가끔 그 특유의 경쾌하고 높은 목소리로 아주 깜짝 놀라게 하였다. 한없이 깊고 따뜻한 마음을 가지고 있는 그녀는 모든 생각의 중심이 사람을 살리는 일, 몸보다 더 근본이 되는 그 사람의 마음을 헤아리는 일, 그리고 자연의 원리를 담은 한의학에 있는 듯 하다. 옆에서 지켜봤을 때 그 외에는 별 관심이 없는 친구다. 아침 9시부터 밤 9시까지 진료를 하며 새벽 1시에도 환자의 전화를 받아주는 정말 대단한 체력의 소유자인 동안 미녀 한의사 민정 씨는 여행을 가기 직전까지도 환자를 보다가 공항으로 뛰어왔다. 그 어떤 난감한 상황 앞에서도 모든 일을 씩씩하게 잘 헤쳐 나간다.

비영리 재단을 운영하면서 힘든 상황의 사람들을 많이 보았고 안타까운 마음에 민정 씨와 이런 저런 이야기를 하면 어느새 그녀는 그들을 뒤에서 돕고 있다. 아빠가 사고로 식물인간이 된 안면장애가 있는 싱글 맘 가정의 아이를 조용히 돕고 있었고, 미혼모 환자들을 돕고 있으며 본인은 비싸다고 잘 먹지 않는 공진단을 좋은 일에 쓰라며 장애인, 할머니, 할아버지께 몇 십 박스씩 기부를 하는 기부천사이다.

짧지 않은 시간 옆에서 지켜보면서 느낀 김민정 한의사는 뿌리 깊은 나무처럼 진실하고 우직하며 한결같은 마음으로 사람에게 감동을 준다. 그녀는 자연의 법칙을 담은 한의학과 참으로 닮았다.

내가 아는 민정 씨는 사람을 이해하는 천상 최고의 한의사이다.

김자혜(허드슨문화재단 대표)

"원장님, 발침 있습니다."

오늘도 정신없는 하루가 시작되었다. 한의사가 되려고 마음먹었을 때 나의 마음속에 있던 한의사의 모습은 점잖은 할아버지가 도포 같은 것을 입고 맥을 짚거나 약을 달이는 모습이었다. 정적이고 어쩌면 조금은 심심할 수도 있는 직업, 자기 생활을 많이 가질 수 있는 직업 정도로 생각을 하였다.

그러나 한의사가 된 후 엄청난 착각이었다는 것을 알게 되었다. 맥을 짚고, 상담하고, 침을 놓고, 사혈부항을 하고, 침을 빼는 등 한의사가 하는 대부분의 일들이 몸을 움직여야 하는 일이다. 왔다 갔다 하면서 하는 일이 너무 많으니 어떤 환자는 "우리 조카가 한의사였으면 좋겠다고 생각했는데, 원장님 일하는 거 보니까 시키면 안 되겠네. 너무 힘들어 보여." 라고도 하였다.

육체적인 것뿐 아니라 정신적인 부분에서 받는 스트레스도 만만치 않다. 환자들은 기본적으로 아파서 오는 것이라고 생각하고 대하기 때문에 아주 특이한 경우를 제외하고는 환자를 대하는 것에서 받는 스트레스는 많지 않다. 오히려 즐겁고 반가울 때가 더 많다.

이보다 한 번도 배우지 않았던 한의원 경영, 직원 관리, 마케팅, 외부에서 일어나는 다른 일들이 더 스트레스이다. 또 공부에는 끝이 없기 때문에 쉴 때마다 강의를 들어야 하며, 반대로 강의를 하러 가는 경우도 있어 자기 생활이 많을 것이라는 생각이 잘못됐다는 것을 곧 깨닫게 되었다. 모든 직업이 그렇지만 한의사도 하루하루 배우는 마음, 잘 될 것이라는 긍정적인 마음 없이는 버티기 힘든 직업이라고 생각한다.

가끔 스스로에게 "다시 과거로 돌아가서 진로를 결정하라고 해도 한의사가 되겠는가?"라고 물어볼 때가 있다. 그때마다 나의 대답은 "물론, 당연하다."이다.

내가 생각한 모습과 다르고 힘들지라도 지금 내가 한의사로 일할 수 있는 것은 나에게 너무나 큰 축복이라고 생각한다. 한의사라는 직업 자체가 다른 사람을 돕는 일이고, 한의학은 알면 알수록 위대하고 평생을 바쳐서 공부할 가치가 있는 학문이기 때문이다. 게다가 사회인으로서 스스로를 책임 질 수 있다는 점도 참 감사하다.

이 책을 쓰는 이유는 내가 이룬 것에 대한 성공담을 쓰려는 것이 아니다. 나는 아직 무엇을 이루었다고 말하기에는 너무나 부족한 사람이다.

문과 출신인 내가 한의사가 되기까지 겪어온 일들은 요즘 청년들이 겪는 일들과 비슷한 점이 많다. 그렇기 때문에 "요새 뭐하니?"라는 말이 누군가에게는 얼마나 큰 상처가 될 수 있는지를 알고, 스스로가 벌레같이 느껴져서 아무도 만나고 싶지 않은 순간들을 겪은 사람으로서 나의 경험을 통해 위로를 건네고 싶을 뿐이다.

과거의 나와 같은 고민을 하는 청년들에게, 후배들에게, 끝도 없는 터널을 혼자 걷는 듯한 느낌으로 살아가고 있는 이들에게 조금이라도 도움이 되기를 바라는 마음으로 쓴 글이다.

그리고 한의학이 미래 의학으로 더 알려지기를 바라는 마음을 담아 나의 이야기와 함께 알아두면 좋을 한의학과 관련된 이야기를 소개하려고 한다. 한의학은 고리타분하고 낡은

의학이라는 이미지가 강하다. 하지만 한의학이야 말로 우리 생활에 가장 가까이 있고, 지금 바로 적용할 수 있는 의학이다. 또한 정신과 육체를 하나로 본다는 것, 자연과 인간을 같이 생각한다는 것, 노화와 양생을 다룬다는 점에서 지금 이 시대에 필요하고, 앞으로도 더 필요하게 될 미래 의학이라고 생각한다. 이 책이 많은 분들에게 건강에 대한 한의학적 관점을 알리고, 건강하게 장수하는 데에 도움이 되었으면 좋겠다.

김 민 정

한의사라서
다행이야

나란 사람은 어떤 사람일까?

우리는 인생을 살면서 많은 것을 배우고 알아간다. 하지만 자신에 대해서 아는 사람은 얼마나 될까?

산다는 것은 나에 대해서 알아가는 것이 아닐까?

과거의 나로 다시 돌아간다면 어떻게 살까?

중요한 인생의 기로에 다시 서게 된다면 나는 어떤 선택을 할 것인가?

결과를 알고 있는 상태였다면 나는 다른 선택을 하게 될까?

아마도 나는 과거로 돌아간다고 해도 똑같이 살았을 것 같다. 순간순간 스스로에게 부끄럽지 않은 최선의 선택을 다했다는 의미이기도 하지만, '나는 나의 타고난 모습대로 살았구나.'라는 생각도 들기 때문이다.

나는 "현재의 모습에 만족하는가?" 라는 물음에 감사하게도 "그렇다."라고 대답할 수 있다. 모든 인생이 그렇지만 나 역시도 하루하루가 고되고 힘들다. 특히 아픈 사람을 상대하는 의료인인 경우는 매일매일 자신을 다그쳐야 한다. 몸과 마음이 아픈 환자들이 치료와 위로를 받고 싶어서 오기 때문에 내가 강해지지 않으면 감당하기가 어렵다. 그럼에도 운명처럼 한의사가 된 것은 정말 감사하고 행복한 일이다.

다른 사람을 도우면서 살 수 있다는 것.
늘 공부하면서 스스로를 발전시켜나갈 수 있다는 것.
한의학이라는 놀라운 학문을 할 수 있다는 것.
이 모든 것들이 참 감사하다.

한의학에서는 사람과 자연을 하나로 보고 자연에서 일어나는 모든 현상들을 통해서 인체를 설명하고자 하였다. 예를 들어 태어나고 성장하고 성숙하고 삶을 마감하는 것을 봄·여름·가을·겨울로 표현하였다.

인체도 그렇게 변화한다.

봄과 같이 무언가 시작하려는 듯하며 연약하고 변화가 잦은 소년기.

여름과 같이 화려하고 울창하고 강렬하지만 모든 기운이 외적으로 집중되어 있는 청년기.

가을과 같이 안으로 여물어 가고 성숙해지면서 열매를 맺어 가는 장년기.

겨울과 같이 외형은 초라하지만 내부에 밀집되고 응축되어 가는 노년기.

한의학에서는 더워야 하는 여름에 충분히 덥게 지내지 않으면 가을이나 겨울이 되었을 때 몸에서 탈이 난다고 이야기하고 있다.

인생도 마찬가지인 것 같다. 햇살과 바람, 비를 잘 견디며 성장했을 때 외부의 충격에도 많이 흔들리지 않는 단단한 내면과 성숙한 인격을 가질 수 있는 것 같다.

자신에 대해서 글을 쓴다는 것은 참으로 부끄러운 일이다. 특히 갈 길이 멀다고 생각하고 하루하루를 살아가고 있는 미완성인 나 같은 사람은 더욱 그렇다.

부담을 안고 시작하는 이 책에서 나는 치열했던, 그러나 아직 끝나지 않은 나의 청년기 이야기를 나누고 싶다. 이 무더위를 잘 지내고 견뎌 아름답고 성숙한 가을을 맞이할 수 있기를, 그래서 맺어지는 열매들을 나누는 인생이 되기를 소망한다.

나의 꿈은 대학을 가는 것이었다.

무엇을 할까, 무엇이 되고 싶은가, 나는 누구인가, 무엇을
좋아하는가를 진지하게 고민하여 진로를 정하기보다는 초·
중·고 모든 교육과정의 결과물이 대학입시 결과로 나타나는
우리나라의 교육 시스템 속에서 명문대에 입학하는 것이 더
중요하다고 생각을 했었다.

학교를 다닐 때는 공부를 잘하는 것이 매우 중요하다. 그림
을 잘 그리거나 달리기를 잘하는 것처럼 공부를 잘하는 것 또
한 재능이라고 생각한다.

나는 다행히 공부하는 재능을 타고 나서 명문대에 입학을 할 수 있었다. 외국어고등학교 프랑스어과를 나왔기 때문에 대학교도 프랑스어과가 있는 학부를 지망하였다. 그러나 프랑스어를 좋아하기만 했지 이 분야를 전공해서 무엇을 해야겠다는 생각은 없었다.

내가 입학한 연세대학교는 당시 학부제였다. 나는 유럽어문학부에 입학하였고, 전공을 2가지 선택할 수 있었다. 내가 선택한 것은 프랑스 문학과 문헌정보학이었다.

프랑스 문학은 전통 문학과 프랑스어에 대한 공부였기 때문에 직업으로 연결시키기에 어려울 것 같았다. 게다가 우리나라는 프랑스어를 사용하는 분야도 많지 않다. 그래서 선택한 다른 전공이 문헌정보학이었다. 도서관학과라고 불리기도 했던 학과이다. 서울대학교에는 없는 학과이기 때문에 연세대학교 문헌정보학과가 유명하였고, 프랑스 문학보다는 좀 더 실용적일 것이라고 생각했었다.

문헌정보학은 문헌을 분류하고 정리하면서 필요한 정보를 찾아주는 역할에 대해 배우는 학문이다. 컴퓨터 프로그램 기술과 데이터 처리 등을 알아야 하는 이과적인 특성을 가진 학문이기도 하다. 그런데 문제는 이 학문이 나에게 너무 안 맞았다는 것이다. 나는 체계적으로 관리를 하는 것보다 주도

적이고 적극적으로 활동하는 것이 맞는 성격이기 때문이다.

실용적인 것과는 거리가 멀었지만 프랑스 문학을 공부하는 것이 재미있었다. 청소년기부터 책을 읽는 것을 좋아해서 방학 때가 되면 두꺼운 문학전집을 읽어 보곤 하였다. 대학교 시절엔 실존주의 문학에 사로잡혀 인간과 인생에 대해 진지하게 생각하기도 하였다.

세상에 던져진 사람이라는 존재가 어떻게 스스로 인생의 의미를 찾으면서 살아가야 하는 것일까.

한 치 앞을 알 수 없는데 인생이란 과연 무엇인가.

인간은 알베르 카뮈의 《시지프의 신화》에 나오듯이 굴러 내려오는 돌을 끊임없이 다시 위로 올리는 일을 하면서 그런 운명을 준 신보다 나은 존재임을 스스로 증명하며 살아가는 존재인가.

산다는 것은 무엇일까. 밀란 쿤데라의 말처럼 인간이란 '참을 수 없는 존재의 가벼움'을 가진 먼지 같은 존재가 아닌가. 그렇다면 이렇게 아등바등하는 것이 대체 무슨 의미가 있을까.

당시에는 나뿐만 아니라 주위 사람들을 봐도 슬픈 생각이 많이 들었다. 특히 사람들이 식사를 하는 모습을 보면 왜 이렇게 안쓰러운 마음이 드는지. 험상궂은 사람들도 식사할 때는 표정이 부드러워진다. 그런 모습들이 안타까워 보였다. 그 당시 나는 사람이라는 존재에 대해 연민을 느끼고, 죽음이라는 한계를 가지고 사는 인생의 허무함에 슬픔을 느끼고 있었다.

또한 나라는 존재에 대해 의문을 갖고 있었다. 겉모습도 변하고 생각도 변하는데 나라는 존재를 정의할 수 있는 것이 무엇인가. 당시에는 생각들이 너무 많아서 고민이었다. 철학을 전공하는 것이 좋았을 수도 있을 정도였다.

지금 돌이켜 보면 인생에 대해서, 나에 대해서 고민을 할 시간이 있었다는 것과 인문학을 공부했다는 것이 한의사로서 참 감사한 일이다.

한의학은 태생적으로 철학을 바탕에 둔 학문이다. 양의학이 눈에 보이는 것, 물질적인 것에 좀 더 치우쳐 있다면, 한의학은 눈에 보이지 않는 기능적인 것에 초점을 두고 몸뿐만 아니라 사람의 정신적인 부분과 감정적인 부분을 중시한다.

한의학은 사람이 이 세상에서 어떤 존재이고, 어떻게 살아가는 것이 가장 사람답게 사는 것인가에 대한 생각을 담고 있다. 사람은 자연과 어우러져서 자연의 모습대로 살아가는 것이 가장 건강한 모습이라고 하였다. 해의 길이에 맞추어 수면 시간과 기상시간을 조절하고, 사시에 맞는 음식을 먹고, 의복을 갖추어 입는 것이 몸을 보전하는 길이라 하였다. 또한 너무 기뻐하는 것도 너무 슬퍼하는 것도 너무 분노하는 것도 몸을 해하는 것이니 감정을 조절해야 하며, 욕심을 부리면서 사는 것도 몸에 해로우니 너무 욕심내지 말고 살아야 한다고 말하고 있다.

자연이 변하듯이 사람이란 변하는 것이 당연한 것이다. 때에 맞추어서 아름답고 건강한 모습으로 있는 것이 사람이 타고난 대로 사는 것이라는 것도 한의학에서 배웠다.

그렇기 때문에 환자들의 병이 낫도록 도와주는 것뿐 아니라 병이 생기기 전에 병을 예방하는 것, 사람이 타고난 모습대로 사람답게 살도록 도와주는 것도 한의사의 역할이라고 생각한다.

당시의 고민들이 한의사의 길을 걸어가면서 사람을 이해하고 몸을 치료하는데 도움이 될 줄을 몰랐다. 스티브 잡스의 말처럼 뒤돌아보면 인생의 점들이 연결되어 있는 것 같다. 앞으로 갈 때는 모르지만 뒤돌아보면 인생의 점들이 하나하나가 연결되어 지금의 내가 되어 가는 것이다. 그래서 한의사가 된 것은 나의 운명이 아닐까 하는 생각기 들기도 한다.

이런 생각을 하는 또 다른 이유가 있다. 나는 당시 수능시험을 다시 봐야 하는 환경적인 요인이 있었다.

IMF 외환위기 전, 1990년대 학번 선배들만 하더라도 대학교 졸업 후 취업 걱정을 크게 하지 않았다. 대학 생활에 낭만과 여유가 있었다. 그러나 이후 도래한 IMF 외환위기는 국민들의 생활을 완전히 바꾸어 놓았다. 실직한 가장들, 자살하는 사람들, 망한 사업가들의 이야기가 매일 들렸고, 어느 곳을 보아도 위축되고 우울한 모습들만 보였다.

집을 사느라고 빚이 많았던 우리집은 대출이자가 높아지고 아버지 사업이 잘 안되면서 사정이 어려워졌다. 아르바이트로 과외를 하면서 가정에 계속 돈을 보태왔지만 언제까지 이렇게 해야 하는지 장담할 수 없었다.

취업이 될까도 문제였지만 명예퇴직을 당하는 사람들을 보면서 안정된 일을 찾아야겠다고 생각하였다. 당시 우리나라는 나이와 결혼 여부와 관계없이 여자가 지속적으로 할 수 있는 일은 전문직 아니면 공무원이었다. 외무고시에 대해서 알아보고 생각해 본 적도 있었다. 그러나 뛰어나지 않은 나의 외국어 실력과 합격한 후에 나를 끌어줄 연줄이 없다는 점이 마음에 걸렸다. 고민 끝에 그 길은 접기로 하였다.

전문직 중에서 생각을 하다가 고등학교 때 의사가 되고 싶다는 생각을 잠시 했었던 기억이 났다. 아픈 사람을 치료하고 사람을 도우면서 돈을 벌 수 있는 점이 참 좋다고 생각하였다.

하지만 인턴과 레지던트 과정이 너무 길었다. 40세 이후에야 돈을 벌 수 있을 텐데 지금 형편에서는 불가능하다는 생각이 들었다. 지금이야 늦은 나이에 대학을 다시 들어가는 경우도 꽤 있지만 그 당시에는 매우 드문 경우였기 때문에 학번 서열이 중시되는 의대문화를 견딜 수 있을지도 의문이었다.

그러던 중 한의사에 대해서 생각해 보게 되었다. 나처럼 대학교를 졸업하고 다시 입학하는 사람들도 있었고 당시 큰 인기를 끌었던 드라마 〈허준〉 덕분에 한의학에 대한 국민들의 인식도 좋았다. 물론 대학교 합격 커트라인은 높았다.

한편으로 한의사는 의사들에 비해 육체적으로는 좀 덜 힘들지 않을까 하는 막연한 추측도 한의대를 선택한 이유 중에 하나였다. 어렸을 때부터 몸이 약했기 때문에 육체적으로 덜 힘든 일을 하고 싶었다. 한의사가 된 다음에 알았지만 이 막연한 추측은 매우 큰 착각이었다. 한의사야 말로 항시 몸을 움직이는 직업이기 때문이다.

한의사가 되려고 계획을 세우면서 스스로에게 이 일이 정말 내가 하고 싶은 일인지, 직업적인 안정성과 경제성이 뒷받침되는 것인지에 대해 다시 물어보았다. 의료 분야에서 남을 도우면서 평생 공부하며 사는 일은 내가 하고 싶은 일이었고, 전문직으로서 한의사는 안정적이었다. 경제적인 것은 나 하기 나름이라 생각하였다.

무엇을 할 것인지를 결정하는 과정도 쉽지 않았지만 수능시험을 보기로 한 다음에도 넘어야 할 난관들이 많았다.

우선 부모님의 반대였다. 집에서는 빨리 취업을 해서 돈을 벌어 주다가 적당한 시기에 시집가기를 원하셨다. 나와 가족, 어느 것이 더 중요할까. 부모님께 잘해드리는 것은 당연하지만 어느 선까지 해야 할까. 동생들보다 나에게 더 희생을 강요하는 이유는 큰딸이어서일까. 그러면 내 인생은 어떻게 되는 걸까.

많은 고민 끝에 내가 살아야 후일을 도모할 수 있다는 결론을 내렸다. 젊을 때에 가족을 위해 희생하고 어디로 가는지도 모르는 돈을 드리느니 이 땅에 내가 당당하게 발을 디디고 서 있을 만큼 성장하는 것이 더 중요하다고 생각하였다.

수능시험을 위한 교재비와 학원비, 생활비 그리고 대학교 입학비와 후에 들어가는 학비는 스스로 감당한다는 약속을 하고 수능시험 공부를 시작할 수 있었다. 아버지는 내가 과외 아르바이트로 번 돈을 받아가시면서도 절대로 도와줄 수 없다고 몇 번이나 말씀하셨다.

또 다른 문제는 이과 수학이었다. 외국어고등학교를 나온 문과 출신이었기 때문에 이과 수학은 한번도 공부해 본 적이 없었다. 당시 수학을 거의 만점 받아야만 한의대 합격이 가능했기 때문에 빠른 시간 내에 이과 수학 내용을 공부하고 입시 수학을 시작해야만 했다. 다른 과목보다도 수학은 타고나지 않는 한 시험을 볼 때 심리적인 영향을 가장 많이 받는 과목이다. 정해진 시간에 푸는 수능시험 수학에서 심리적인 압박감을 이기고 만점을 받으려면 피나는 노력이 필요하다. 적당한 시간 안배와 막히는 문제가 나와도 담담하게 마음을 다스리는 것이 필요했다. 그러기 위해서 가장 기본이 되는 것은 어떤 문제가 나와도 막히지 않고 풀 수 있을 정도의 실력이었다. 노력을 해도 안 될 수도 있겠지만 스스로가 공부에 재능이 있다고 믿으며 도전해 보기로 하였다.

얼마의 시간이 걸릴지, 얼마나 비용이 들지 알 수 없는 상황이었다. 당시만 해도 나와 같은 진로를 택하는 사람이 드

물었기 때문에 "요즘 뭐하니?"라는 안부조차 대답하기 난감하고 힘들었다.

아르바이트로 과외를 하러 가는 시간을 제외하곤 정말 열심히 공부하였다. 밥 먹는 시간, 자는 시간까지도 아까웠다. 스트레스가 심하다 보니 몸에도 이상이 생겼다. 숨이 깊이 쉬어지지 않았고 저녁만 되면 말을 할 때마다 기침이 심하게 났다. 당시에는 이유를 알 수 없었으나 한의학을 공부하고 보니 상기증이라는 증상이었다. 기가 아래까지 내려가지 못하고 몸의 윗부분에 몰려 있는 증상이다. 열이 많은 사람이라면 매핵기(목에 뭔가가 붙어 있는 듯한 이물감이 들지만 형체는 없다)가 생길 수도 있는 상황이었다.

수능시험일이 다가오자 새끼손가락 안쪽 끝부터 수포가 생기기 시작했다. 새끼손가락과 손목으로 이어지는 부분에 수포가 퍼지고 가려움증이 동반되었다. 한의학에서 심경이라고 부르는 경락이 있는데, 심경이 수포가 생긴 새끼손가락 부분이었다. 특히 스트레스가 심할 때 발생하였는데, 나중에 경락에 대해 배우면서 신기하다는 생각을 하였다. 몸과 마음이 다른 것이 아니고 몸이 마음에 영향을 주고 마음이 몸에 영향을 준다는 한의학적인 관점을 몸소 체험한 일이었다.

이렇게 2년 반이라는 시간을 보냈다. 다시 한의대 입시 준비를 할 수 있겠냐는 질문을 받는다면 선뜻 다시 하겠다는 말이 나오지 않는다. 사실 입학 후에도 몇 년간은 수능시험을 보면서 시간이 모자란 꿈, 문제가 어려워서 쩔쩔매는 꿈을 여러 번 꾸었다. 입시 스트레스가 상당히 심했었던 것이다.

힘들게 합격통지서를 받았을 때는 한 고비를 넘겼다고 생각하였다. 하지만 6년간의 한의대 공부와 연고지가 없는 대구에서 스스로 생활비와 학비를 버는 것은 입시 공부보다 훨씬 더 어려운 일이었다.

1. 물질 – 자연

양의학과 한의학의 가장 큰 차이는 세상을 바라보는 관점입니다. 양의학은 너와 나, 주관과 객관, 이것과 저것에 대한 구분이 분명하고 각각에 대해 정의를 내려서 규정하고자 합니다.

어떤 사물이나 현상을 설명할 때 우선 그것이 무엇인지에 대한 정확한 한계를 정합니다.

예를 들면 책상이란 '네모나게 생긴 나무 재질의 물건으로 다리가 4개 있고 공부를 하거나 업무를 보는데 쓰이는 물건'이라는 명확한 정의를 합니다.

인체를 바라볼 때도 마찬가지입니다. 몸을 객관적으로 바라보면서 정의하고 설명합니다.

예를 들면 심장은 '심장근육으로 이루어져 있으며, 총 무게는 250~350그램 정도이다. 두 겹으로 이루어진 심낭 막에 싸여 있고, 심장의 표면으로는 심장근육에 혈액을 순환시키는 심장혈관이 있다. 심장은 크게 왼쪽 부분과 오른쪽 부분으로 나뉜다. 구체적으로 오른쪽과 왼쪽에는 각각 심방과 심실이 있고(총 4개의 방), 각 부분 사이에는 판막이 있다.'라고 규정을 짓습니다.

이렇게 규정을 지어 명확한 한계를 정한 뒤 기능에 대해 조사하고 관찰하고 실험하여 자료들을 만듭니다. 한계를 지어서 보았기 때문에 굉장히 명쾌하고 정확하지만 한계의 틀 때문에 다른 사실들을 놓치거나 간과하게 됩니다.

건강에 대해서도 수치로 정의해 놓고 정해진 범위 안에 있을 때 건강하다고 규정합니다.

혈압수치, 혈당수치, 간수치 등을 표준화하여 정해 놓고 그 안에서 들어갔을 때 건강하다고 생각합니다. 만약 수치가 조금 높거나 낮으면 약이나 다른 방법을 통해서 수치를 조절하여 건강이라고 정의된 틀 안에 인체를 맞추려고 합니다.

하지만 개개인의 특성을 고려하지 않은 채 건강이라고 정의 내려진 범위 내에서 수치만 조절하는 것으로 건강을 유지할 수 있을까요?

우리가 주변에서 접하는 물질들처럼 사람의 몸을 이렇다 하고 정의하고 정의된 상태로 만들어서 정상이라고 생각하는 것은 인체의 매우 적은 부분만을 이해하는 것이라고 생각합니다.

서양에서는 사람과 자연을 분리된 대상으로 인식합니다. 양의학적인 관점에서 보면 인체나 자연 둘 다 서로 다른 대상, 서로 다른 물질로 보고 이해하고 접근하려 합니다. 이런 생각은 동양적인 사고와는 전혀 다른 것입니다. 이렇게 인체를 바라보는 관점의 차이가 양방과 한방의 가장 큰 차이를 만드는 시작이 된 것입니다.

한의학은 상대적인 관점으로 사물을 바라봅니다. 한의학의 서술적 용어로 많이 표현되는 음양은 상대적인 개념입니다. 예를 들면 서양학문에서는 '음이란 무엇인가, 양이란 무엇인가'라는 명확한 정의부터 시작합니다. 하지만 한의학에서는 양은 음의 상대적인 개념, 음은 양의 상대적인 개념으로 봅니다. 다시 말씀드리면 음과 양은 서로가 존재하지 않으면 정의될 수 없는 존재들입니다.

서양학문에 익숙했던 저에게는 참 어려운 개념이었습니다. 한 단락 안에서도 음과 양으로 지칭하는 것이 바뀌는 것입니다. 예를 들면 여자에 비해 상대적으로 남자는 양이고 여자는 음입니다. 하지만 아이에 비해 남자는 상대적으로 음이고 아이가 양입니다. 이런 점 때문에 한의학용어가 조금 모호하다고 느껴질 수 있습니다.

인체를 바라보는 관점도 상대적입니다. 자연과 인체를 각각 독립적인 개체로 보는 것이 아니라 자연에 상대적인 인체, 인체에 상대적인 자연이라고 봅니다. 한의학적으로 보면 자연과 인체는 뗄레야 뗄 수 없는 관계입니다. 자연에서 이루어지는 것이 인체 내에서도 이루어지고 인체는 지속적으로 자연의 영향을 받고 있는 것입니다.

한의학에서는 사람과 자연을 하나로 보고 독립된 개체로 보지 않습니다. 몸이 아프면 그 원인을 인체의 내부와 외부인 자연환경에서 같이 찾고 자연에 순응하여 치료합니다.

때로는 전혀 손을 대지 않고 생활방식의 변화만으로 치료하기도 합니다. 사시사철에 순응하여 음식과 기거를 적절하게 하면 몸이 스스로 회복되어 건강해지고 병을 미리 예방할 수 있습니다. 봄 · 여름 · 가을 · 겨울 각각에 사시사철에 맞추어 언제 일어나고 자야 할지, 의복은 어떻게 갖추어 입어야 할지, 얼마나 활동을 해야 할지를 한의학에서 제시하고 있습니다.

외부에서 들어오는 기운과 내 몸에서 나가는 기운을 침과 약으로 조절하여 치료를 합니다. 이것은 인체를 자연과 동떨어진 개체가 아닌 하나로 보기 때문에 가능한 것이라고 할 수 있습니다.

한의학적으로 보지 않더라도 경험상 외부의 환경에 따라 몸이 변하는 것을 느낄 수 있습니다. 습한 날이면 몸이 무거워지고 관절염이 있으신 분들은 더 아파진다거나 날씨가 추워지면 비염이 심해진다거나 하는 것입니다. 우리 몸은 항상 외부의 자연에 영향을 받고 있습니다. 한의학에서는 이렇게 자연과 인체의 관계를 함께 보는 관점에서 진단과 치료를 합니다.

2. 기질 - 기능

양의학에서는 눈에 드러나는 실체만 근거로 하여 치료합니다. 다시 말씀드리면 기질(해부학적인 실체)만을 바라보고 치료합니다. 기질적인 부분의 문제가 있는지 없는지가 진단의 근거입니다. 이 부분을 발견하기 위해서 양의학에서는 수많은 검사를 하고 있습니다. MRI나 엑스레이를 통해 형태의 변형 또는 덩어리가 생겼는지를 확인하고 물질적인 실체가 보일 때만 치료합니다. 환자가 몸에 이상을 느껴 병원에 찾아가도 검사 결과에 이상이 없으면(기질적으로 문제가 없으면) 정상적인 것으로 판단하여 치료하지 않습니다. 양의학에서 보는 것은 물질적인 것으로서의 몸만 바라보며 그 이상의 기능적인 것을 진단하고 검사할 수 있는 방법이 없기 때문입니다. 큰 병을 진단하는 것은 정확하지만 병으로 가는 과정 중에 있는 증상들을 진단하고 치료하지는 않습니다.

한의학에서는 무엇보다도 환자의 느낌과 호소하는 증상을 우선시합니다. 맥을 짚고 혀와 눈을 보고 복부 진단과 척추 진단 등을 통하여 아직 물질적으로 드러나지 않은 병을 진단합니다. 한의학은 물질보다는 기능을 중시하는 치료이기 때문에 가능한 것입니다. 자연의 흐름과 같이 몸의 흐름 즉 몸의 기능적인 상태의 변화를 예리하게 감지하고 환자의 증상에 따라 진단과 치료를 합니다. 물질 이전에 기능적인 변화들이 있은 다음에 눈에 보이는 큰 병들이 나타난다고 생각합니다. 따라서 병을 치료할 때에도 근본적이고 기능적인 변화부터 차근차근 치료하여 병의 근원을 바로잡습니다.

3. 부분 - 전체

양의학은 병이든 부분을 봅니다. 폐에 병이 들면 폐에 대한 치료, 간이 병이 들면 간에 대한 치료를 합니다. 처음에 말씀드린 것처럼 양의학적 관점에서는 이것과 저것의 구분이 명확합니다.

폐는 폐의 구조와 역할이, 간은 간의 구조와 역할이 다르고 구분되어 있다고 생각합니다.

한의학은 사람 전체를 바라봅니다. 폐에 손상이 있어도 그것은 전체적으로 보았을 때 어디에서 시작하였으며 어떤 관계로 다른 장기들과 연관을 맺어 상호 영향을 주는지를 살펴봅니다. 폐의 병이 신장에서 시작하여 영향을 주었는지 소화기관 문제로 인해 폐병이 생겼는지 등 여러 가지 방면으로 진단하여 치료합니다.

체질에 따라 사람의 성격이나 살고 있는 환경에 따라 몸이 반응하는 것이 다릅니다. 양방적으로는 같은 병명이라도 병의 원인은 사람마다 다를 수 있습니다. 따라서 사람 전체를 보고 치료하는 것이 근본을 치료하는 것이라고 생각합니다.

4. 병 중심 - 사람 중심

양의학은 병을 중심으로 보는 의학입니다. 정해진 병에 사람을 맞춥니다. 진단을 통해 병명을 붙이는 것으로 분류하여 치료합니다. 따라서 그 병에 근거가 될 수 있는 진단적인 자료가 필요하고 그것을 찾기 위해 수많은 검사를 시행합니다. 병명에 따라 일괄적으로 환자들을 분류하고 치료합니다. 개개인의 특성이나 병발 원인 등을 고려하는 것보다는 병의 결과 중심으로 치료하는 것입니다.

반면 한의학은 개개인에 대한 맞춤의학입니다. 남성과 여성, 아이와 어른, 젊은이와 노인들의 생리와 병리를 다 다르게 보고 접근합니다. 또한 사람의 성정이나 체질에 따라 병의 발생 기전이 다르고 병의 결과가 다릅니다. 따라서 한의학적 관점에서는 사람을 중심으로 치료합니다. 병명에 사람을 맞추는 것이 아니라 사람 그 자체를 바라보고 치료하는 것입니다. 기적인 흐름, 생리적 차이에 맞추어 사람을 바라보기 때문에 병이 발생하기 이전에 병을 예측하는 것이 가능하여 미리 손을 쓸 수 있게 합니다.

5. 현상의 제거 - 생명력 회복

양의학은 드러난 현상을 중시합니다. 몸에 덩어리가 생기거나 변형이 오면 그것을 원래대로 돌려놓는 것으로 치료합니다. 병이 생긴 원인이나 향후 예방에 초점을 맞추기보다는 현재 상황을 바로잡는 것을 중시합니다. 이는 물질적인 부분을 중시하기 때문입니다. 보이는 부분이 해결되면 정상이라고 보는 것입니다.

한의학은 보이는 문제의 해결뿐 아니라 병의 원인과 예방을 중시합니다. 치료의 방향 또한 현상의 제거가 아닌 사람이 타고난 생명력의 회복으로 초점을 맞춥니다. 침을 통해 뜸을 통해 약을 통해 사람의 생명력을 회복하면 인체는 스스로 회복하는 힘에 의해서 건강을 되찾게 됩니다. 이렇게 하여 병의 근본을 다스리고 다시 발생하지 않도록 합니다. 한의학은 인체의 생명력과 자연의 힘을 중시합니다. 타고난 생명력을 회복하는 것이야 말로 진정한 건강의 회복이라고 생각합니다.

입학금을 내고 나니 수중에 남은 돈은 100만 원밖에 없었
다. 연고가 없는 대구에서 자리를 잡고 6년간 학비와 생활비
를 벌어야 하는 것이 가장 큰 문제였다. 지금에서야 솔직히
말하지만 '무식하면 용감하다'고 다른 수가 없으니 일단 입학
부터 하고 닥치면 해보자고 생각했다.

대구한의대는 예과 1~2학년 과정은 경산캠퍼스에서 보내
고, 본과 1~4학년은 대구캠퍼스에서 보낸다. 경산캠퍼스는
차를 타고 논밭이 펼쳐진 이 차선 도로를 한참 들어가야 나온
다. 캠퍼스 자체가 산을 깎아서 만든 곳이라 자연과 어우러
져 있는 환경이다.

주변에 편의시설이나 식당도 거의 없었다. 공부만 하기에 최적화된 환경이라고 선배들이 웃으면서 말했었다. 도시에서만 자란 나는 밤마다 개구리가 시끄럽게 울고, 아침엔 닭이 울어서 깨고, 비료 냄새가 진동하는 환경이 신기하고 당황스러웠다.

물가가 서울보다 싸더라도 100만 원으로 몇 달을 버티기는 어려웠다. 빨리 일자리를 찾아야 했다. 가장 잘할 수 있는 것은 아무래도 과외였다. 알음알음으로 과외를 알선해 주는 대행사의 연락처를 여러 곳 알아내었다. 전화를 받고 연결이 된 곳은 무조건 하겠다고 하였다. 대행사에서 연락이 오면 과외를 받겠다는 학생 집에 가서 면접을 보고, 과외를 하는 식이었다. 대구 지리를 전혀 모르는 상태였지만 거기가 어디든 가겠다고 하고 면접을 보러 다녔다. 다행이기도 하고 감사하기도 한 것은 이과 수학을 치열하게 공부한 것이 큰 도움이 되었다는 것이다. 수학 과외 수요가 가장 많았고, 게다가 여자 선생님이 적었기 때문에 과외시장에서 인기가 많은 편이었다. 열심히 하다 보니 생활비 정도는 해결할 수 있을 만큼 과외를 할 수 있게 되었다. 참 감사한 일이었다.

과외로 생활비는 어느 정도 충당이 되었지만 학비는 또 다른 문제였다. 게다가 공부를 게을리하고 싶지도 않았다. 당시 120명 중 1등은 전액, 2등은 70퍼센트, 3등은 50퍼센트까지 장학금이 지원되었다. 3등 안에는 들어야 부담이 적어지는 것이었다. 중간·기말고사는 주말을 이용하거나 짬짬이 공부하면 되지만, 간간이 보는 시험들이 문제였다. 특히 내경이라는 과목은 금요일 아침마다 시험을 보았는데, 한자로 된 원문을 외워서 시험을 보는 것이었다. 매일 6시에 학교 수업을 마치면 새벽 1시에서 2시까지 과외를 했기에 공부할 시간을 내기가 어려웠다. 특히 목요일 저녁에는 학교에서 좀 떨어진 지역에서 마지막 과외를 했는데 과외가 끝나면 차가 끊겨서 택시를 타고 다녀야 했다. 그러나 매번 2만 원이 넘는 택시를 타고 돌아갈 수 없었다. 그래서 근처 24시간 목욕탕에서 3시간 정도 자다가 일어나서 건너편에 있는 맥도날드에서 커피를 마시면서 시험공부를 하였다. 지하철이 다니는 시간이 되면 학교로 돌아가서 나머지 공부를 하고 1교시에 시험을 보았다.

24시간 목욕탕에서는 찜질실(사우나)에서 잠을 잤었다. 항상 청소하는 아주머니들이 사람이 있는지를 확인하고 문을 조금 열어 놓고 다니셨다. 어느 날은 자고 있는데 웅성거리는 소리가 나서 눈을 떠 보니 아주머니들이 나를 둘러싸고 있었다. 일어나 무슨 일이냐고 물으니 청소하는 아주머니가 사람이 있는 줄 모르고 문을 닫고 나가셨는데, 나중에 내가 자는 모습을 보고 쓰러진 것인 줄 알고 다들 확인하러 온 것이었다. 죽을 뻔한 사건일 수도 있지만 그 당시에는 그 정도로 하루하루가 너무 치열하였다.

체력적으로 너무 힘들어서 길을 가다가 쓰러질 것 같은 느낌을 여러 번 받았었다. 종종 "지금 당장 길에서 쓰러져 죽더라도 괜찮은가?"라는 질문을 스스로에게 했었다. 그때마다 "괜찮다. 지금 내가 최선을 다하면서 사는 것에 후회하지 않는다."라고 대답했었다. 그만큼 절실했다.

힘든 일만 있는 것은 아니었다. 과외를 하면서 대구 사람들의 정과 문화를 느낄 수 있었다. 사투리를 못 알아들어서 생긴 에피소드들도 많았다. 또 '데다', '새그럽다', '애살 있다' 같이 재미있고 정겨운 표현들도 알 수 있었다.

내가 느끼기에 대구 사람들은 속정도 깊고 따뜻한데 겉으로 표현하는 것이 참 무뚝뚝하다. 전화를 받을 때 보면 그런 것을 특히 느낄 수 있다.

과외 중 친구에게 전화가 와서 "응, 그래~. 지금 과외 중이니까 이따가 전화할게~."라고 전화를 끊으면 학생들이 "선생님~~."하면서 닭살스럽다는 표정을 지었다. 왜 그런지 알 수 없었는데 학생들이 엄마나 친구들과 통화하는 내용을 들어보면서 알게 되었다. "됐다. 알았다. 끊어라." 학생이 전화가 오자 이 세 마디만 하고 전화를 끊었다. 누구랑 싸웠는가 싶어서 조심스레 누구냐고 물으면 엄마나 친구였다. 싸운 거냐고 물어보면 아니라고 평상시 대화가 이렇다고 하였다. 속정은 깊은데 표현이 무뚝뚝해서 다시 한번 놀랐다.

과외를 하러 가면 어머니들은 나에게 배추나 생선과 같은 음식들을 주셨고, 여러 면에서 마음을 써주셨다. 표현만 그렇다는 것을 점점 알게 되면서 대구 사람들이 좋아졌다.

대구의 여름 더위 또한 큰 문제였다. 대구는 분지라 기온이 높다는 것은 알고 있었지만 상상했던 것 이상으로 너무 더웠다. 과외를 하러 갈 때도 더위로 인해 어지러워서 에어컨이 나오는 ATM 기계가 보이면 잠시 쉬었다가 걸었다. 더위도 더위지만 햇살이 너무 따가웠다. 양산을 쓰고 다니는데도 눈이 부셔서 눈이 아팠다.

예과 1학년 1학기가 끝나고 첫 방학 때 과외 때문에 서울로 갈 수 없어 학교 기숙사에 머물기로 했다. 기숙사는 에어컨은 커녕 선풍기도 없었고, 방학 때는 식당도 운영하지 않았다. 기숙사가 학교 내에 있었기 때문에 걸어서 편의점까지 갔다가 돌아오는데 1시간 남짓 걸렸다. 먹을 것과 마실 것을 사러 나가기도 힘들어서 저절로 다이어트가 되었다. 기숙사에 들어오면 너무 더워서 밤에 벽에 붙어 있다가 지쳐서 잠들곤 했다. 산속에 있으니 덜 더울 것이라는 생각은 착각이었다.

처음에는 한의대 수업을 알아듣기가 힘들었다. 한의학은 초·중·고·대학에서 배운 것과는 전혀 다른 패러다임을 가지고 있었다. 예를 들면 우리가 접하는 많은 학문은 어떤 것에 대한 정의를 내리고 시작하는 경우가 많다. "a는 b이다." 부터 시작해서 왜 그런지에 대한 증명과 그것을 통해서 알 수 있는 다른 지식들을 배우는 식이었다면 한의학은 이 정의 자체가 모호했다.

특히 음과 양으로 표현되는 것은 무슨 말인지 이해하기 어려웠다. 여자는 음이고 남자는 양이라는 식의 표현을 하는데 음이 무엇인지 양이 무엇인지는 문맥에 따라 파악을 해야 한다. 음이라고 표현했던 것이 조금 후 양으로 표현되기도 했다. "음이 극하면(끝까지 가면) 양이 되고 양도 마찬가지다." 라는 식이다.

음이 양이고 양이 음이면 음과 양으로 표현하는 이유는 뭔지, 정확히 무엇을 나타내는지를 알 수가 없어서 학의학이란 학문이 이해하기 어려웠다.

지금 생각해 보면 자연과 인간을 하나로 보고 자연의 변화와 상대성을 인간에 대입하여 설명을 하는 방식이었다고 이해할 수 있다. 그러나 처음에는 여태까지 배워온 방식의 사고로는 한의학을 받아들이기 어려웠다.

본과 때부터는 졸업 후에 임상을 할 때 바로 쓸 수 있는 침 공부와 약 공부가 필요했다. 한의대 학생들은 방학 때도 합숙을 하면서 동의보감 공부나 침 공부를 한다.

침과 약으로 정말 사람을 고칠 수 있는 것일까?

침은 무엇이고 한약은 무엇인가?

단지 뾰족한 것으로 사람을 찌르는 행위로 어떻게 사람이 나을까?

선조들은 어떻게 이런 것을 알아서 경락이며 본초약재들을 정리한 것일까?

놀랍고 신기하다는 생각들을 많이 했다. 침은 몸의 통증과 근육 뭉침 등에도 효과가 있지만 근본적인 것은 몸에 흐르는 기氣의 흐름을 바로 잡아 몸이 스스로 회복되게 하는 것이다.

기라는 것에 대해서도 고민을 많이 하였다.

눈에 보이지 않는 흐름을 뭐라고 표현해야 하는 것인가? 기의 통로인 경락은 무엇인가? 봄이 오면 아지랑이가 피어나듯이, 대지에 봄의 기운이 있듯이 눈에 보이지는 않지만 우리 몸의 흐름들을 기라고 한의학에서는 말하고 있다.

한의학에 대해서 자신감을 갖게 된 결정적인 계기는 내가 내 몸을 고치고 나서부터이다.

어릴 때부터 소화기관이 약해서 중학교 무렵에는 배가 아파서 통증을 잊으려고 잠을 잤다가 너무 아파서 깨는 일이 여러 번 있었다. 갑자기 입안에 위액이 올라와서 토하러 가기도 했었다. 항상 아픈 곳은 오른쪽 윗배였다. 병원에 가서 진료를 받아 보니 담낭을 절제해야 한다고 하였다.

한의대를 다니면서는 무리를 하는 바람에 소화기관이 더욱 안 좋아졌다. 배는 항상 더부룩했고 오른쪽 윗배는 하루걸러 한 번 씩 찌르듯이 아팠다. 과식을 해도 아팠고 배가 고파도 아팠다. 신경을 쓰면 바로 오른쪽 윗배부터 아팠다.

자다가 아파서 깰 때는 소화기관을 운동시켜 주고 전체적으로 기의 흐름을 안정시켜 주는 침을 놓았다. 10여 분이 지나면 씻은 듯이 통증이 없어져서 다시 잘 수 있었다. 침의 효과를 실제로 경험하니 신기하고 놀라웠다.

하지만 병의 뿌리가 깊었기 때문에 그때그때 통증을 제거하는 것만으로는 근본적인 치료가 되지 않았다. 한약 중에서 보약 계열이 아닌 치료약, 특히 속에 있는 담과 찌꺼기를 없애는 한약을 스스로 처방해 먹었다. 배가 따뜻해지는 느낌, 무언가가 움직이는 느낌이 며칠 동안 지속되었다. 스트레스를 받는 일이 있었지만 예전과 달리 바로 오른쪽 윗배가 아프지 않았다. 정말 놀라운 일이었다. 더 심해지면 수술을 받아야 하나 고민을 했는데 한약만으로 10년이 넘은 고질병이 없어지다니 이것만으로도 한의대에 온 보람이 있었다.

한의대에는 자기 병을 고치러온 학생들이 더러 있었다. 공부를 하면서 나처럼 몸을 고친 학생들도 많이 있다. 그래서인지 한의사만큼 한약을 많이 먹고 가족들에게 많이 권하는 집단도 없다.

본과 수업은 예과와 비교도 할 수 없을 정도로 힘들었다. 일주일에 4~5번은 꼭 시험이 있었다. 중간고사와 기말고사도 쉽지 않았다. 시험을 보기 위해선 밤을 새야 하는 경우가 대부분이었다. 시험이 어려운 것도 있지만 이렇게 힘들게 공부를 하는 이유는 한의대는 유급제도가 있기 때문이다. 기본적으로 6년간 공부를 하고 시험을 보는데, 통과하지 못하면

1년간 더 다녀야 하는 것이다. 몇 년째 졸업을 못하고 있는 선배들도 있었다.

나의 경우 6년 안에 마쳐야 하는 것은 당연한 일이고 생활비도 벌어야 해서 과외를 쉴 수 없었다. 나중엔 방문 과외를 다닐 시간이 없어서 조금 모은 돈으로 아파트를 얻어서 학원 겸 독서실 같은 과외방을 운영하였다. 학생들 성적이 많이 오르고 이전 년도에 수능시험을 본 학생들의 결과가 좋았기 때문에 입소문도 좀 났었다. 선배들이 농담으로 한의원 하지 말고 학원을 하라고 할 정도였다.

학생들의 중간·기말고사가 한의대 중간·기말고사와 겹쳤기 때문에 전략을 잘 세워서 공부해야 했다. 이때 짧은 시간 내에 요지를 파악하고 중요한 것을 외우는 훈련을 할 수 있었다.

다음날 한의대 시험이라도 내가 가르치는 학생들 수업을 소홀히 할 수 없었기 때문에 새벽 1시까지 수업을 하고 나면 너무 피곤해서 제대로 공부를 할 수 없었다. 따라서 대충 어느 정도 공부해야 하는지 확인하고 6시까지 잔 후 학교에 가서 공부를 시작하였다. 다행히 집중력과 단기 기억력이 좋은 편이어서 목표였던 상위권을 유지할 수 있었다.

학교가 1교시부터 시작하지 않는 날은 아파트에서 전단지를 붙였다. 내가 사는 아파트뿐 아니라 관리사무소에 허락을 받은 후 주변 아파트에 전단지를 붙였다. 전단지를 보고 오는 전화 상담, 학생 성적 관리, 과외 일정 조정, 학부모 상담을 혼자서 다 하였다. 학교를 다니면서 이 모든 것을 병행하기가 쉽지 않았는데 지나고 보니 이때 경험이 한의원 경영에 도움이 되는 것 같다. 과외방이라는 조그만 사업체를 운영해 보면서 많은 고객들을 만나고, 상담을 하면서 마케팅을 했었던 것이다. 학교에서는 경영에 대해서 전혀 배우지 않기 때문에 처음 한의원을 시작하면 굉장히 당황스럽다. 게다가 한의원 경영은 한의학적인 실력은 물론이고 운영하는 것과 마케팅 등 경영에 대한 감각이 있어야 한다. 나는 이런 것들을 미리 경험해 본 것이라고도 할 수 있다.

6년간의 예과와 본과 생활은 치열하였다. 고민할 시간과 여유도 없었다. 그저 경제적으로 버티기 위해 애쓴 것과 유급당하지 않고 졸업하기, 그 후 제대로 임상을 할 수 있는 한의사가 되기 위해 열심히 노력한 기억만 있다. 다른 길은 생각할 수 없을 만큼 한의사라는 직업이 좋지만, 이제는 엄청난 노력과 인고의 시간이 있어야 한다는 것을 알기 때문에 처음

부터 다시 시작하라고 한다면 솔직히 선뜻 다시 하겠다고 대
답하기가 망설여진다.

국가고시와
프랑스 어학연수

한의대의 마무리는 국가고시(한의사 자격증시험)이다. 각 학교마다 국가고시를 담당하는 위원들을 모아서 본과 4학년들의 시험 준비를 시켰다. 모의고사 같은 것도 보고 성적순으로 부족한 학생들은 더 공부를 시켰다. 아무래도 학교마다 합격률 경쟁도 있었다.

국가고시 준비를 마무리하면서 문뜩 프랑스에 가봐야겠다는 생각을 했다. 시험을 합격하고 일을 시작하면 아무래도 여유가 없을 것 같아서 시험 직후 대학교 때부터 가고 싶었던 프랑스 어학연수를 가기로 마음먹었다. 파리에 어학연수 겸 한

달 정도 머물 생각으로 저춘해둔 돈으로 단기 어학연수 학교를 등록하고 홈스테이(프랑스 가정집)를 결정하였다.

국가고시는 아주 망치지만 않으면 붙을 것이라는 믿음을 가지고 시험 본 그 주에 파리로 출발하였다. 내가 어학연수를 하기 위해 등록한 학교는 가톨릭대학이었다. 나중에 안 사실이지만 내가 선택한 어학연수 코스는 가톨릭대학 학생들이 방학 때 집중적으로 프랑스어 실력을 올리기 위해서 다니는 코스였다. 어쩐지 매일매일 숙제가 있었고 한 달 동안 시험을 5번이나 보았다. 국가고시를 보고 난지 얼마 안 됐는데 다시 열심히 공부하는 코스라니. 재미있기도 하고 우습기도 하였다.

프랑스 사람들은 도도하고 외국인들에게 불친절하다고 소문이 나있었는데 내가 만난 프랑스인들은 모두 다 너무 친절했다. 길을 잘 몰라서 물어보면 한참 동안 서서 구글 지도로 검색해서 알려 주었고, 길에서 두리번거리고 있으면 지나가던 아주머니가 길을 알려 주기도 하였다.

지금은 에어비앤비(세계 최대 숙박 공유 서비스) 등과 같은 서비스가 발달되어 있지만, 몇 년 전만 해도 그런 서비스가 잘 알려지지 않았기 때문에 프랑스 문화를 느끼려면 홈스테이를 선택하는 게 최선이었다. 같이 지낼 프랑스인에 대한 정보도 전혀 모른 채 파리에 도착하자마자 택시를 타고 집 주인이 알려 준 주소로 가서 만나게 되었다. 내가 같이 지낼 분은 연세가 많으신 할머니었다. 할머니는 영어를 거의 못 하셨고, 나도 프랑스어가 익숙하지 않았기 때문에 거의 보디랭귀지로 대화를 하였다.

할머니는 20년 전쯤에 남편을 여의시고 4남매를 다 결혼시키신 후 혼자 살고 계셨다. 자신은 일을 할 수 있을 때까지 남들의 도움을 받지 않고 독립적으로 살고 싶다고 하셨다.

며칠간은 시차 때문에 잠을 이룰 수 없었는데 할머니도 새벽까지 라디오를 들으시는 거였다. 저녁식사를 하면서 여쭈어 보니 암 수술 후 치료를 받으면서 식사도 잘 못 하시겠고 잠도 잘 안 온다고 하였다. 혼자 사시는 분이 잘 드시지도 못하고 잠도 못 주무시면서 아프시다니 안쓰러운 마음이 들어서 안마를 해드리겠다고 하였다. 침이 없으니 손으로 추나와 마사지를 겸한 수기 요법을 해드렸다. 앉으신 할머니를 보니 척추가 많이 휘어 있었다. 앞으로도 휘어 있고 옆으로도 휘어 있었다. 목부터 허리까지 척추 라인을 따라 15분 정도 안마를 해드렸다.

다음날 아침, 할머니가 한 번도 안 깨고 너무 잘 잤다고 고

맙다고 하셨다. 그 이후로 한국에 돌아올 때까지 척추와 등 근육 수기 요법을 계속 해드렸다. 내가 집에 갈 때쯤 눈에 보이는 효과가 나기 시작했다. 할머니가 의사인 아들네 집에 갔는데 아들이 어머니 등이 펴진 것 같다고 했다는 것이다. 자세히 살펴보니 앞으로 휜 등이 거의 곧아졌고 옆으로 휜 부분도 많이 좋아져 있었다. 의료인이 되어서 참 감사하다고 생각한 첫 번째 일이었다. 그리고 치료하는 사람은 기본적으로 환자에 대한 안타까운 마음과 사랑하는 마음이 있어야 한다는 것도 배웠다. 먼저 그 사람의 입장에서 생각하고 내 몸이 아픈 것처럼 환자의 몸을 돌보아야 한다는 것이다. 그 가르침이 지금도 환자를 대할 때마다 마음에서 울린다.

환자를 사랑하고 내 몸같이 돌보려는 마음이 진정한 치료의 시작이다. 이런 마음이 없다면 아픈 자들을 치료하는 일은 의료인 스스로에게 너무 힘들고 지치는 일이 된다. 말도 잘 안 통하고 피부색도 다른 외국인이지만 할머니를 대하는 나의 마음이 전해졌다고 생각한다. 나중에는 할머니와 시내 구경도 같이 다니고 맛있는 것도 먹으러 갔었다. 한국으로 돌아갈 때가 되니 할머니가 매우 섭섭해 하시며 다시 꼭 오라고 말씀하셨다.

학교 수업도 재미있었다. 프랑스어를 거의 잊어버렸다고 생각했었는데 다시 공부를 하니 기억이 났다. 6개월 정도만 이렇게 수업을 들으면 프랑스어를 어느 정도 할 수 있을 것 같았다. 그럴 시간이 없는 것이 안타까울 뿐이었다.

반 편성시험을 치고 반 배정을 받았다. 가톨릭대학이라서 그런지 우리 반에는 신부님들과 수녀님들이 대부분이었다. 20명 안팎이었는데 반 정도가 신부님과 수녀님이었다. 우리나라 신부님과 수녀님도 한 분씩 계셨다. 신부님은 40대 후반 정도 되는 그래도 젊은 분이셨는데 수녀님은 60세가 넘으신 분이셨다. 두 분 다 열정적으로 공부하시고 프랑스에 적응하시는 모습이 존경스러웠다. 그 외에 아프리카에서 오신 신부님, 멕시코에서 오신 수녀님, 일본인 학생들, 미국에서 온 학생들이 있었다. 프랑스 선생님은 여자 분이셨는데 항상 미소를 띤 얼굴로 친절하게 인내심을 가지고 가르쳐 주셨다. 선생님이 미소를 지으며 바라보시면 마주 보고 미소를 짓게 되는데, 미소를 지으며 바라보는 학생이 나밖에 없었는지 그럴 때면 꼭 뭐를 시키셔서 난감했다. 눈을 마주치지 말아야겠다고 생각하다가도 열정적으로 가르쳐 주시는 모습과 인자한 미소에 나도 모르게 미소를 지으며 눈을 마주쳐서 어려운 질문을 많이 받았다.

국가고시가 끝나자마자 바로 출발했기 때문에 한국에 있는 친구들에게 프랑스로 간다고 말을 하지 못 했었다. 그래서 프랑스에 있는 동안 내가 국가고시에 떨어져서 연락이 안 되는 줄 알고 친구들이 여러 번 전화를 했었다. 국가고시 합격 전화도 프랑스어 수업을 듣던 도중에 받았다. 합격 사실을 한국 신부님께 말하자 수업이 끝나고 한국인 학생들과 같이 축하 파티를 열어 주시기도 하였다. 거기서 우연히 연세대학교 10년 후배인 남학생을 만나기도 했다. 재밌는 우연이었다. 그 후배와 한국 신부님, 수녀님과 함께 수업도 듣고 파리에 있는 성당도 같이 다녔다.

프랑스에서 가장 부러웠던 것은 박물관과 미술관 문화였다. 파리의 곳곳에는 박물관과 미술관이 있다. 박물관에 가보면 구석에 쭈그리고 그림을 그리거나 한참 동안 전시품을 바라보는 학생들을 항상 볼 수 있었다. 일상의 삶에서 그런 문화를 누리는 것, 그런 여유를 가질 수 있다는 것이 부러웠다.

한 달은 짧다면 짧은 기간이었지만 나에게는 소중한 시간이었다. 정신없이 달려온 나에게 주는 작은 휴식과 상이었다고 할 수도 있을 것 같다. 언젠가는 다시 돌아오리라 다짐하고 즐거운 추억을 뒤로 한 채 한국으로 돌아왔다. 파리로 가기 전과 달리 이제는 한의사 면허가 있는 한의사로서 환자를 치료하는 임상에 뛰어들어야 하니 마음이 새로웠다.

지금까지는 나를 위해서 살아왔다면 앞으로의 삶은 최소한 일에 있어서라도 환자를 먼저 생각하는 의료인이 되어야 한다고 생각했다. 더 노력하고 열심히 살아야겠다는 각오를 하면서 한국으로 돌아왔다.

1. 남성 생리 – 남자는 양이다

흔히 남자는 양이고 여자는 음이라는 말을 많이 듣습니다. 남자는 하늘이고 여자는 땅이라는 말로도 표현하기도 하는데 유교적 사상에 따른 남존여비 문구로 오해를 사기도 합니다.

한의학에서 양은 더운 것, 가벼운 것, 움직임이 날랜 것, 위에 떠 있는 것, 흩어지는 것을 뜻합니다. 음은 양과 상대되는 것으로 차가운 것, 무거운 것, 움직임이 없는 것, 아래에 있는 것, 뭉치는 것을 뜻합니다.

한의학에서는 음과 양으로 여성과 남성의 생리 · 병리를 차이를 두어 설명합니다.

양으로 표현되는 남성의 생리와 병리를 살펴보면, 우선 남자들은 여자들에 비해 앞에 나서는 것을 좋아하고 드러내고 싶어 하고 과시하고자 하는 생리적 성질이 있습니다. 이러한 특징으로 인해 남자들은 몸을 많이 쓰는 것으로써 병이 발생됩니다. 과로를 하거나 과색으로 인한 병이 많습니다. 한방에서는 몸을 많이 쓰는 것과 성관계를 많이 하는 것이 몸을 상하게 하는 원인 중에 하나로 봅니다.

남자의 몸은 열에 상하기 쉽습니다. 나이가 많은 노인을 빼고 보면 남자들은 대부분 더워하고 땀을 많이 흘립니다. 더운 곳에서 노동을 하거나 혈기를 부려 기가 위로 올라가는 경우 열이 위로 많이 뜨게 됩니다. 이때 남성들은 외부 열사에 상하기가 쉽고 고혈압이나 두통 등과 같은 증상이 나타납니다.

남자의 몸은 8을 단위로 변합니다. 8세, 16세, 24세, 32세 단위로 몸이 변합니다. 뒤에서 말씀드리겠지만 여자의 몸은 7을 단위로 변합니다. 한의학에서는 이렇게 몸의 생 · 장 · 멸의 과정도 남자와 여자의 차이를 두어 설명합니다.

《황제내경》 '소문'에 의하면

남자는 8세에 신기가 실해져서 머리카락이 자라고 이빨이 바뀌며

16세에 신기가 왕성해져서 천계가 이름에 정기가 넘쳐 새나가고
음양이 화하므로 능히 자식을 가질 수 있으며

24세에 신기가 평균해져서 근골이 굳세게 강해지므로 진아가 나고
자람이 극에 이르며

32세에는 근골이 융성하고 기육이 만장해지며

40세에 신기가 쇠해져서 머리카락이 떨어져 빠지고 치아가 마르며

48세에 양기가 상부에서 쇠갈하여 얼굴이 검어지고
머리카락이 반백이 되며

56세에 신기가 쇠함에 따라 간기가 쇠해져 근을 움직일 수 없으며

64세에는 천계가 다하여 정이 줄어들고 신장이 쇠해져서
형체가 모두 극해지니 치아와 머리카락이 모두 제거됩니다.

2. 여성 생리 – 여자는 음이다

한의학에서 음으로 표현되어지는 것은 정적인 것, 어두운 것, 무거운 것, 잘 뭉치는 것들입니다. 여성의 생리는 남성에 비해서 정적이고 잘 뭉치고 무겁습니다.

여성들은 남성들에 비해 소극적이고 감추고 숨기고자 하는 경향이 있습니다. 화가 나는 것도 참거나 할 말을 못하는 경우도 많이 있습니다. 이러한 생리적 성질로 인해 여성들은 감정의 응어리나 음식으로 인한 질병이 많이 발생합니다. 특히 감정적인 부분은 여성들에게서 뗄레야 떼어 놓을 수가 없습니다. 호르몬의 변화에 따른 감정의 변화나 갱년기 및 임신 · 출산에 따른 몸과 마음의 변화는 여성만이 가진 고유한 음적인 생리 · 병리적 현상입니다.

여자의 몸은 한에 상하기 쉽습니다. 이것은 여성의 생리와 밀접한 관련이 있습니다. 여성이 한 달에 한 번씩 혈을 배출하면서 몸에서는 혈열 운동이 일어납니다. 다시 말해 몸의 열 운동과 혈의 운동이 동시에 일어나는 것입니다. 이것은 실제 체온의 변화로도 나타나는데 배란기 이후 생리가 시작할 때까지 몸의 체온이 높아집니다.

몸의 체온이 높아지면 이것을 식히기 위해서 외부의 차가운 기운을 몸이 받아들이게 됩니다. 이때 몸의 상태가 건강하지 못하거나 여러 가지 감정적인 문제로 인한 기의 흐름에 문제가 있을 경우 몸은 받아들여야 하는 것보다 더 많은 차가운 기운을 몸에 받아들이게 됩니다. 그로 인해서 몸이 차가워 지고 이것은 후에 여성들이 말하는 냉한 증상과 불임 등을 유발하게 됩니다.

그리고 앞에서 말씀드린 것처럼 여성의 생·장·멸은 7의 단위로 변합니다. 7세, 14세, 21세, 28세에 따라 몸이 변합니다. 이렇게 남자와 여자의 몸은 한의학적으로 보면 다른 생리적인 구조를 가지고 있습니다.

《황제내경》에 따르면

여자는 7세에 신기가 성해져서 이빨이 바뀌고
(젖니가 빠지고 영구치가 나고)
머리카락이 장해지며
(무성해지면서 연한 머리가 굵어져 검어지면서 뻑뻑해지며)

14세에 천계가 이름에 (포태함을 주장하는 자궁혈맥인)
임맥이 통하고 (혈해인) 태충맥이 성해져서
월사가 때에 맞추어 내리므로 자식을 가질 수 있으며

21세에 (골수를 주장하는) 신기가 평균해지므로
(온몸에 골고루 퍼져 충만해지므로)
진아(사랑니)가 생겨나고 자람이 극에 이르며

28세에는 근골이 굳세어지며 두발의 자람이 극에 이르고
신체가 장성해지며

35세에는 양명맥이 쇠하여져서 얼굴이 비로소 초해지기
시작하고(검어지기 시작하고) 머리카락이 비로소 떨어져 빠지며

42세에는 삼양맥(태양 · 양명 · 소양)이 상부에서(두면부) 쇠하여
얼굴이 모두 검어지며 머리카락이 비로소 희어지고

49세에 임맥이 허해지고 태충맥이 쇄소해져 천계가 다하여
지도가 통하지 않으므로 형체가 무너지고(몸의 정상적 기능이 하나둘
허물어져 제 기능을 발휘하지 못하고) 자식을 둘 수 없습니다.

3. 소아 생리 – 변화무쌍한 새싹

아이들의 몸은 시시각각 변합니다. 한의학에서는 아이는 양으로 보고 치료하고 있습니다. 가볍고 잘 변하고 병에 잘 걸리고 금방 회복되는 것을 특징으로 합니다.

옛말에 "10명의 남자를 치료하는 것이 1명의 부인을 치료하는 것보다 쉽고, 10명의 부인을 치료하는 것이 1명의 소아를 치료하는 것보다 쉽다."라고 했습니다. 아이들의 몸은 아직 성숙하지 않아 외부로부터 영향을 크게 받고 몸이 쉽게 변하기 때문입니다. 쉽게 허해지거나 쉽게 실해지고 쉽게 차가워지거나 쉽게 열이 납니다.

한의학에서는 아이의 몸이 자연과 외부 환경에 적응할 수 있도록 몸의 중심을 잡아 주는 치료를 중시합니다. 아이들은 외부환경에 잘 놀라고 몸에 변화가 나타납니다. 가장 많이 볼 수 있는 예가 경기입니다. 옛 어른 들은 아이가 태어나면 포대기로 몸을 꽁꽁 싸매 주었는데 엄마 뱃속에 있다가 외부 환경에 노출되었을 때 아이가 놀라지 않도록 보호해 준 것입니다. 아이의 몸이 성숙해질 때가지 잘 보호해 주는 것을 치료의 우선으로 삼고 있습니다. 《동의보감》에도 아이 몸을 보호하는 10가지 방법을 제시하고 있습니다.

첫째, 등을 따뜻하게 해야 한다.

둘째, 배를 따뜻하게 해야 한다.

셋째, 발을 따뜻하게 해야 한다.

넷째, 머리를 서늘하게 해야 한다.

다섯째, 가슴을 서늘하게 해야 한다.

여섯째, 이상한 것을 보여서는 안 된다.

일곱째, 비위를 늘 따뜻하게 해야 한다.

여덟째, 울음이 멎기 전에 젖을 먹여서는 안 된다.

아홉째, 경분이나 주사를 먹여서는 안 된다.

열째, 목욕을 자주 시키지 말아야 한다.

한의학에서는 아이의 몸과 어른의 몸을 구분하여 양생하는
법, 치료하는 법을 제시하고 있습니다.

4. 노인 생리 - 같은 나이 다른 몸

100세 시대가 도래하면서 어떻게 하면 건강하게 오래 사는지

에 대한 관심이 많아졌습니다. 나이는 같지만 신체 연령과 건강에서는 사람마다 차이가 큽니다. 살아오는 과정에서 몸을 얼마나 보호하고 건강을 유지하기 위해 노력해 왔는가가 드러나는 것입니다.

한의학에서는 사람이 어떻게 하면 건강하게 장수할 수 있는지에 대해서 알려 주고 있습니다.

사람의 수명을 결정하는 것은 천명인데 천지와 부모에게 받은 원기를 말합니다. 아버지로부터 받은 정과 어머니로부터 받은 혈의 성쇠가 다르기 때문에 사람의 수명에 차이가 있다고 합니다. 하지만 외부의 나쁜 기운(환경적인 영향)을 받거나 굶주리거나 포식하거나 일을 많이 하여 내상이 생기면 부모로부터 받은 천수를 다할 수 없다고 합니다. 비록 몸이 약하게 태어났다고 하더라도 몸을 잘 보호하면 요절할 사람도 장수할 수 있다고 봅니다.

늙는 것은 혈이 쇠하기 때문입니다. 늙으면 정혈이 모두 소모되어 눈·코·입·귀의 기능이 떨어집니다. 그래서 울 때는 눈물이 나오지 않다가 웃을 때는 도리어 눈물이 나고 코에서는 탁한 콧물이 많이 나오며 귀에서는 매미소리가 납니다. 식사를 할 때에는 입이 마르다가 잠을 잘 때는 침을 흘리고 소변이 저절로 나오기도 하며 대변이 마르거나 설사를 하기도 합니다. 낮에는 잠이 많아지고 밤에는 잠이 오지 않게 됩니다.

노인의 몸은 아이의 몸처럼 약하기 때문에 항상 보호하는 쪽으로 신경을 써야 합니다. 아이는 아프더라도 금방 회복이 되지만 노인의 몸은 회복 능력이 부족하므로 한 번 큰 병을 앓게 되면 기력을 회복하기가 쉽지 않습니다. 그래서 어른들은 환절기나 몸이 안 좋아지실 때 미리 약을 드시는데 시중에 나와 있는 건강보조식품을 드시는 것보다는 전문가와 상의해서 자신의 몸에 맞는 약을 선별해 드시는 것이 좋습니다.

드디어
한의사가 되다

임상 연차가 어느 정도 되자 한의원을 개원해야겠다는 생각
이 들었다. 부원장으로 일하면 책임감의 무게는 덜하지만 내
가 주도해서 진료 방향을 이끌어가고 환자를 지도하는 것은
한계가 있었다. 나는 스스로 주도하고 책임을 져야 하는 성격
이기 때문에 내 한의원을 운영하는 것이 성격에도 맞는다. 대
신 한의원 운영, 마케팅, 간호사 관리, 병원에서 일어나는 사
소한 일들, 환자 관리, 의료 컴플레인, 업자 및 건물 주인을
상대하는 일 등 모든 일이 원장의 책임이다. 리더십과 지혜,
주변에서 일어나는 일을 빨리 감지하는 능력, 일의 흐름을 파
악하는 것이 요구된다. 나보다 먼저 개원한 친구에게 주말에

만나자고 연락을 하면 항상 "주말은 힘을 비축해야 한다."며 잘 만나 주지 않았다. 개원 전에는 이해하지 못 했는데 개원을 하고 보니 이해가 갔다. 진료 외의 사건이 하루에도 몇 가지씩 터지고, 그때마다 원장이 직접 해결해야 하니 주말에는 힘을 비축해야 한다. 갑자기 천장에서 물이 새거나 약탕기가 고장 나고, 보일러에서 물이 새는 일 등과 같은 돌발 상황이 발생한다. 항상 마음의 준비를 하고 있어야 한다.

다양한 지역에서 부원장으로 근무를 했는데 대부분의 원장님들이 강남으로 확장 이전하는 꿈을 가지고 있었다. 강남이라고 하면 성공의 이미지가 있기 때문이기도 한 것 같다.

개원 자체를 구체적으로 생각해 보지 않았을 때는 장소에 대한 고민이 크지 않았다. 한의원을 개원할 때는 원장의 성향에 따라서 개원 장소를 고려해야 한다. 시골이나 조금 외진 지역, 노인 환자가 많은 곳에서 더 능력을 발휘하는 사람이 있고, 도시가 더 맞는 사람이 있다. 나의 경우는 도시에서 개원하는 게 더 맞을 것 같다는 조언이 많았다. 과외를 통해 상담을 한 경험이 많아서인지 나는 환자에게 왜 아픈지, 어떻게 하면 나을 수 있는지를 구체적으로 설명하는 진료가 익숙하였다. 그러나 노인 환자들은 몸이 전체적으로 다 아프기 때문에 그런 설명을 듣는 것을 선호하지 않는 경향이 있어 젊은 사람이 많은 도시가 더 맞다고 생각한 것 같다.

개원 자리를 몇 군데 보았지만 마음에 쏙 드는 자리가 없었다. 임대료와 전세금도 생각보다 너무 비쌌다. 새 한의원을 개원하는 것은 시간과 돈이 많이 드는 일이고, 결정적으로 인테리어 업자 선정, 인테리어 공사 등에 관해 구체적으로 아는 게 별로 없었다. 그렇기 때문에 운영하던 한의원을 인수받는 게 가장 힘을 덜 들이면서 개원하는 방법이었다. 자리가 안 좋아서 옮기는 경우도 있고, 집안일 때문에 정리를 하는 경우도 있었다.

어느 날 한의사 카페에서 한의원을 양도하겠다고 올린 글을 발견했다. 이미 비밀댓글이 몇 십 개가 달려 있었고, 글이 게재된 지 몇 주가 지난 상황이었기에 계약이 완료되었을 수도 있었다. 일단 연락처를 남기고 기다리자 전화가 왔다. 약속을 잡고 강남역과 역삼역 중간 정도 되는 곳에 위치한 한의원으로 갔다. 테헤란로, 강남 한복판이었다.

"이것이 제 것이라면 저에게 주십시오."라는 마음으로 기도하면서 원장님을 뵈었다. 한의원은 10여 년이 된 것이었고, 원장님은 세 번째로 이 자리에서 운영을 하신 분이었다.

두 번째 원장님이 몸이 불편하신 분이어서 한의원 동선은 움직이기 편하게 만들어져 있다고 하였다. 작고 아담했는데 내가 생각했던 구상대로 한의원을 만들 수 있을 것 같았다. 게다가 원장님이 근처로 옮기는 것이라서 두고 가는 비품 값만 받는다고 하였다. 임대료와 전세비용도 내가 저축한 돈으로 감당할 수 있을 정도였다. 만난 그 자리에서 계약을 하고 계약금을 입금하였다.

계약을 결정하기 전에 원장님은 나에게 한의원 이름과 운영 방식에 대한 질문을 하였다. 후에 원장님으로부터 내가 오기 전에 많은 사람들이 다녀갔지만 한의원을 인수한 뒤에 망하지 않을 사람에게 양도하고 싶었다는 이야기를 들었다. "저는 안 망할 거 같아요?"라고 물으니 안 망할 것 같다고 했다. 무엇이 그런 확신을 주었는지는 모르겠지만 처음 개원하는 나에게는 용기가 되는 감사한 말씀이었다.

한 달 후에 원장님이 이사를 가면 바로 들어오는 것으로 계약을 하였다. 베드와 물품들은 전부 두고 갔기에 나머지 필요한 물품과 간판 정도만 준비하면 되었다. 원장님이 나가신 후 2~3일 정도면 정리를 하면 진료를 시작할 수 있을 것 같았다. 보통 서로 생각이 다르기 때문에 양도·양수를 하면서 문제가 생기기도 한다는데 좋은 원장님을 만나서 문제없이 한의원을 개원할 수 있었다. 강남에서 한의원을 개원하는 것도 나에게는 물 흐르듯이 자연스럽게 이루어졌다. 참 감사한 일이다.

처음부터 강남에서 개원해야겠다고 마음먹은 것도 아닌데 강남에서 개원하게 되었다. 사람 일은 자신이 열심히 노력해서 이루는 것도 있지만 흐름에 따라 자연스럽게 이루어지는 것도 있는 것 같다. "내가 할 일은 최선을 다해서 하고 나머지는 하늘에 맡긴다."는 것이 맞는 말인 것 같다. 사실 이 말은 처음 강남에서 개원하면서 스스로에게 많이 한 말이다. 아무도 어떻게 될지 결과는 알 수 없다. 처음 개원하는 것이어서 일단 해봐야 알 수 있는 것도 많았다. 잘 될 것이라고 생각하고 시작하는 수밖에 없었다. 한의대에 도전한 것, 100만 원만 들고 6년간 공부하기 위해 대구로 내려간 것처럼 나는 또다시 알 수 없는 길을 향한 도전을 시작하였다.

원장이 되면 가장 힘든 것 중에 하나가 직원 관리이다. 거의 하루 종일 같이 있기 때문에 직원들은 나의 장점과 단점을 금방 파악한다. 게다가 원장이 지시를 하기 때문에 더 민감하게 원장의 기분이나 컨디션을 감지한다. 친하고 인간적으로 서로 잘 대해 주는 것과 동시에 리더로서 카리스마를 가지는 일이 쉬운 일은 아니었다. 그리고 같이 일하는 사람들은 다 내 식구들이고 그들이 하는 모든 행동은 내 책임이었다. 그들을 위해서 한의원을 잘 운영해야 하는 것은 물론이고 직원들이 실수를 하지 않도록 감독하는 것도 내 역할이다. 의료기관의 모든 책임은 원장에게 있기 때문에 역할을 나누어서 하는 동료라는 생각을 가짐과 동시에 리더로서의 역할도 해야 한다. 다행히도 같이 일하는 분들이 좋은 분들이어서 내가 부족한 부분들, 미처 생각하지 못 한 부분들까지도 도와주었다. 그럼에도 항상 끝까지 살펴야 하는 것은 내 몫이다.

병원에서 생길 수 있는 사고들도 주의해야 한다.
광명에서 부원장으로 일할 때였다. 쉬는 시간에 베드에서 쉬고 있었는데 갑자기 간호사들이 소리를 질렀다.
"왜 이러세요! 아주머니, 왜 이러세요!!"
무슨 일인가 뛰어나가 보니 어떤 아주머니가 몸에 꽂혀 있던 침 몇 개를 삼키려는 것을 간호사들이 막고 있었다. 구급차를 불러 상황을 수습한 뒤 간질 발작인 것 같다는 이야기를 들었다. 이렇게 의료기관에서는 예기치 못한 사고들이 생길 수 있기 때문에 항상 조심해야 한다.

<blockquote>
한의원을 하면서
만난 사람들
</blockquote>

한의사로 일하는 것이 항상 감사하지만 아쉬울 때도 있다. 환자들이 치료를 종료하고 떠날 때이다. 우스갯소리로 커피 숍을 하면 자주 볼 텐데 한의원이라 아프지 않으면 보기가 힘들다고, 친해지면 그만 봐야 된다고 말하면서 환자들과 웃곤 했다.

환자와 한의사로 만났다가 친구가 된 경우도 있다. 교통사고를 당하고 온 환자였는데 알고 보니 근처 성형외과에서 일하는 실장님이었다. 외모는 너무 세련된 스타일이었는데 이야기를 나누다 보니 그렇게 순박하고 착할 수가 없었다. 춘

천에서 올라와서 어린 나이에 성형외과 실장으로 자리를 잡고 일하고 있는 대단한 친구였다. 갑자기 숨이 안 쉬어지거나 뒷골이 너무 당기고 머리가 아프다며 종종 찾아오곤 하였다. 교통사고 후유증으로 그럴 수 있다고 설명하고 침 치료와 뜸 치료를 시행하였다. 치료와 함께 이런저런 이야기를 나누게 되었고 같이 여행을 갈 정도로 친해졌다. 요즘도 아침에 문득 내가 생각이 났다며 커피와 간식을 가지고 찾아오는 친구이다.

그녀 외에도 부원장으로 일할 때 만난 인연도 있다. 당시 영어 공부를 더 하고 싶어서 동시통역대학원 입시반을 들은 적이 있었다. 재미는 있었지만 너무 어려워 선생님께 매일 혼난 기억만 있다. 나중에 선생님과 개인적으로 이야기를 나눌 기회가 있어서 좀 친해졌고, 내가 낸 한의원이 선생님이 계신 학원 근처라서 종종 치료를 받으러 오셨다. 입시학원 선생님은 너무나도 일정이 빡빡하였다. 3일간 다 합친 수면시간이 5시간이었고 식사도 거의 못 하거나 불규칙적이었다. 이러다가 과로사 하는 것이라고 몇 번이나 말씀드렸지만 학생들의 미래를 책임지고 가르치시다 보니 선생님은 본인 건강보다 일을 완벽하게 하고 싶은 마음이 더 크셨다.

당뇨 가족력도 있었고 불임 가족력도 있었다. 내가 해드릴 수 있는 것은 세 끼를 건강식으로 때를 맞추어서 드실 수 있도록 관리하는 것이었다. 매일 수면시간과 음식을 묻고 조언을 해 드렸다. 개인 주치의가 되어 몇 달을 관리해 드렸다. 시간이 좀 지나고 굉장히 기쁜 소식이 들려왔다. 아기가 생겼다는 것이었다. 아기가 생길 때쯤을 생각해 보니 내가 매일 건강관리를 해 드렸던 시기인 것 같다고 했다. 친척과 형제들이 다 불임이라서 걱정을 많이 하셨는데 너무 기뻤다.

특별히 몸에 이상이 없다면 잘 먹고 잘 자고 잘 쉬는 것만으로도 우리 몸은 회복이 된다. 고혈압과 고지혈증, 당뇨 같은 3대 성인병도 식단과 생활습관 관리만으로도 건강을 회복하기도 한다.

현대인들의 생활이 너무 바쁘고 치열해서 먹고 자는 것에 신경 쓰는 것조차 버거운 일이 되었다. 안타까운 일이다. 병이 생기기 전에 병이 생기지 않게 관리하고 교육하는 것이 한의학의 역할 중 하나이다. 이러한 인연을 통해 나도 더 노력해야겠다는 생각이 들었다.

1. 정精, 기氣, 신神 – 병은 마음에서 생긴다

　제가 생각하는 한의학의 큰 장점 중 하나는 몸과 마음을 하나로 보고 치료를 한다는 점입니다. 《동의보감》에서는 정精, 기氣, 신神이라는 표현을 사용하여 이것을 설명하고 있습니다. 우리의 몸을 이루는 것은 정, 몸 안에서 여러 가지로 움직이는 힘이 기, 그 기를 다스리는 것은 신이라고 표현하였습니다. 다시 말씀드리면 정신적인 부분인 신이 우리 몸의 에너지 흐름인 기의 흐름을 조절하고 그 흐름에 따라 우리 몸의 물질적인 부분인 정이 생성되고 운행되고 소멸된다고 보는 것입니다.

　제가 보았던 많은 환자분들 중 큰 병에 걸리신 분들(암이나 불치병)은 과거에 큰 충격이나 어려움이 있으셨던 경우가 많이 있었습니다. 정신적인 스트레스가 얼마나 몸에 해로운지에 대해서 의료인으로서 더 경각심을 가지게 되었고 한의학적 진단과 치료에 대해 더욱 신뢰하게 되었습니다.

한의학에서는 신성한 의사들은 "사람의 마음을 치료하여 질병에 걸리지 않도록 하였다."라고 설명합니다. 사람의 질병만 치료할 줄 알고 사람의 마음을 치료할 줄 모르는 것은 근본을 버리고 말단을 좇는 것이며 그 근원을 찾지 않고 흐름만을 좇아가면서 질병이 낫기를 바라는 어리석은 일이라고 봅니다.

질병을 치료하려면 먼저 그 마음을 다스려야 합니다.

사람의 발병 조짐이나 몸의 건강 상태는 여러 가지 면에서 확인할 수 있습니다. 평소에는 성품이 그렇지 않은 사람이 갑자기 욱해서 화를 낸다거나 부지런했던 사람이 게으르고 나태해진다거나 친절했던 사람이 갑자기 간교해진다거나 하는 것입니다. 한의학에서는 이런 태도 변화를 단순히 성격의 변화나 스트레스 때문에 생긴 장애로 보지 않습니다. 마음 상태의 변화가 태도의 변화를 가져오고 이것은 마음에 따른 기神의 변화를 알고 향후를 예측하게 합니다.

사람의 몸과 마음은 하나입니다.

사람의 몸을 이루고 있는 정, 몸의 흐름인 기와 그 흐름을 다스리는 힘인 신이 있습니다.

기의 흐름이 바르면 사람은 스스로 타고난 생명력에 의해서 몸이 회복됩니다. 기의 흐름을 바르게 하기 위해서 기를 다스리는 마음神을 바르게 해야 합니다. 스트레스는 만병의 근원이 맞습니다.

흐트러진 신神과 기氣를 바로잡기 위해서 한의학에서는 침과 뜸과 약을 사용합니다.

침은 아픈 곳을 자극하여 통증을 경감시키는 도구가 아닙니다. 우리가 다치면 아픈 곳이 자꾸 신경 쓰이 듯이 침을 놓은 곳에는 우리의 기와 우리의 마음이 가게 됩니다. 이것을 통해 기의 균형을 바로잡고 흐름을 원활하게 합니다.

뜸은 마음을 안정시키는 역할을 겸합니다. 아프고 허한 곳을 보호하는 역할을 할 뿐 아니라 뜸 자체의 기운이 마음을 편하게 하고 안정시킵니다.

약도 마찬가지입니다. 한의학적 관점으로 보면 약재를 섭취하는 것은 그 약재 안에 들어 있는 성분을 먹는 것이 아닙니다. 약재 안의 성분을 추출해서 먹는 것은 지극히 물질적인 양의학적 관점입니다. 약재가 가지고 있는 기운과 맛을 섭취하여 우리 몸의 기운을 다스리는 것입니다.

한의학은 정精, 기氣, 신神의 모든 관점에서 사람의 몸을 보고 병발 원인을 찾습니다. 요즘 현대인의 많은 병을 스트레스나 화병 등 정신적인 것에서 원인을 찾고 있는데 한의학은 오래 전부터 그런 관점에서 사람의 몸을 치료해 온 놀라운 학문입니다.

2. 기병氣病 - 기가 막혀서 병이 생긴다

사람들이 황당한 일을 당할 때 많이 하는 표현으로 "기가 막힌다."라는 것이 있습니다. 우리말 표현 중에는 잘 살펴보면 이렇게 곳곳에 한의학과 관련된 재밌는 말들이 있습니다.

한의학적으로 보면 기가 막혀서 병이 생기는 것이 맞습니다.

기라는 것을 한마디로 정의하기는 어렵지만 우리 몸을 흐르고 있는 에너지, 우리가 살아가고 숨 쉬고 소화하고 움직이게 하는 힘, 우리 몸을 외부 환경과 소통시키기도 하고 보호하기도 하는 방어막 정도로 생각할 수 있습니다.

기는 눈에 보이지 않는 것입니다. 기의 흐름을 가장 비슷하게 보여 주는 것은 혈의 흐름입니다. 기의 흐름을 따라 우리 몸의 모든 조직들이 움직이는데, 기의 흐름과 가장 유사한 것은 혈입니다. 기는 우리 몸의 구석구석을 다니면서 영양과 에너지를 공급합니다.

우리가 먹은 음식물은 기에 의해서 흡수, 저장, 배출이 됩니다.
아무리 좋은 음식이나 보약을 드신다고 해도 우리 몸에서 흡수할
수 있는 힘인 기가 부족하고 흐름이 원활하지 못하면 드시지 않는
것과 마찬가지입니다.

기로 인해 생기는 병을 크게 3가지 정도가 있습니다.

1) 기가 막혀서 병이 생기는 것

일을 너무 안 해서 생기는 경우와 감정적인 충격으로 인한 경
우가 있습니다.

일을 너무 안 해서 생기는 병을 한의학에서는 노권상이라고 합
니다. 한가한 사람에게서 이 병이 생기는 경우가 많습니다. 한가
롭게 노는 사람은 몸을 움직여 기력을 쓰는 때가 많지 않고 배불
리 먹고 나서 앉아 있거나 눕거나 하면 기의 흐름이 막혀 노권상
이 생깁니다.

괜히 몸이 아프거나 나른하거나 한 곳에 지속적인 통증이 있거
나 하는 증상으로 나타납니다. 흐르는 물은 썩지 않고 지도리는
좀먹지 않는다는 표현이 있습니다. 적당하게 몸을 움직이는 것이
기가 막히는 것을 예방하는 일입니다.

감정적 충격으로 인해서 기가 막히는 경우도 있습니다. 너무 분한 일을 당하거나 갑자기 사기를 당해 큰돈을 잃거나 하면 기의 흐름이 막힙니다. 이런 경우 많이 나타나는 증상은 몸이 갑자기 붓는 것입니다. 갑자기 몸이 붓는 것에 대한 원인을 양의학에서는 찾기 어렵습니다. 한의학적으로 보면 이유 없이 몸이 많이 붓는 것은 기가 막힘으로 인해 몸의 수분의 흐름이 막힌 것으로 보고 한의학에서는 침 치료와 약 치료를 병행합니다.

탈영실정이라는 병도 있습니다.

정신적인 충격을 지나치게 받아 발생한 병입니다. 원래는 귀貴하였다가 천賤하여짐으로써 발생한 것을 탈영脫營이라 하고, 부유하였다가 가난하여짐으로써 발생한 것을 실정失精이라 하였습니다. 나중에는 탈영과 실정의 증상을 같이 보고 치료하였습니다. 몸이 여위고 초췌해지며 입맛이 없고 추위를 몹시 타며 잘 놀라고 잊어버리기를 잘 하며 팔다리가 저리는 등의 증상이 나타납니다. 정신적인 충격으로 인해 기의 흐름이 막혀서 발생합니다.

한의원에서 많이 볼 수 있는 경우는 교통사고 환자입니다. 교통사고로 너무 놀라서 기가 운행되지 않으면 두통이 있고 가슴이 두근거리고 불면증이 생깁니다. 소화도 안 되고 계속 몸이 불안하고 떨리기도 합니다. 침으로 2~3번 정도 기의 운행을 돕는 치료를 하면 좋아집니다. 물질적인 것보다 기능적인 것을 바라보고 치료하는 한의학만의 놀라운 장점이라고 생각합니다.

2) 기의 균형이 깨져서 병이 생기는 것

우리가 어떻게 살아가는가에 따라 기운의 치우침 현상이 나타납니다. 흔히 "기운이 처진다."거나 "열이 오른다."는 등의 표현을 합니다. 기가 아래로 내려가 있기도 하고 기가 위로 올라가 있기도 하고 가운데서 흐트러져 있기도 합니다.

감정적인 부분이 특히 기의 흐름과 연관이 있습니다. 한의학에서는 아래와 같이 표현합니다.

노즉기상怒則氣上 : 성내면 기가 거슬러 오르고

희즉기완喜則氣緩 : 기뻐하면 기가 느슨해지며

비즉기소悲則氣消 : 슬퍼하면 기가 사그라지고

공즉기하恐則氣下 : 두려워하면 기가 내려가며

한즉기수寒則氣收 : 추우면 기가 수렴되고

경즉기설炅則氣泄 : 열이 나면 기가 빠져나가며

경즉기란驚則氣亂 : 놀라면 기가 어지러워지고

노즉기모勞則氣耗 : 피로하면 기가 소모되며

사즉기결思則氣結 : 생각을 하면 기가 맺힌다.

치료하는 방법은 높은 것은 억누르고 낮은 것은 들어올려주고
차가운 것은 뜨겁게 하고 뜨거운 것은 차게 하며 놀란 것은 안정시
키고 피로한 것은 자양하며 맺힌 것은 흩어 주고 기쁜 것은 두려움
으로 누르고 슬픈 것은 기쁨으로 이겨낸다고 하였습니다.

어찌 보면 너무나 상식적인 말이지만 기의 균형을 잡아야 한다
는 표현입니다. 기의 균형이 바로 잡혔을 때 몸의 흐름이 바로 잡
히고 생명력이 깨어나 스스로 건강을 회복하게 합니다.

기의 균형을 잡는 것은 침으로 하는 방법도 있고 약으로 하는
방법도 있지만 우선되는 것은 침 치료라고 생각합니다. 침을 통
해서 상기된 기를 아래로 내리고 아래로 내려간 기를 위로 올리
고 흐트러진 기의 중심을 잡아 주는 치료를 합니다. 특히 신경증
이나 스트레스로 인해 생기는 질병들에 침 치료는 탁월한 효과를
나타냅니다.

3) 기가 부족해서 병이 생기는 것

사람의 기운은 부모로부터 타고난 기운인 선천지기와 음식을 먹어서 생기는 후천지기가 있습니다. 나이가 들수록 부모에게서 받은 선천지기는 점점 소모되고 음식으로 기를 보충해서 살아갑니다. 어른들이 "밥심으로 산다."고 하시는 것도 이런 뜻입니다.

몸을 많이 쓰거나 신경을 많이 쓰면 기가 손상되어 부족해지게 됩니다. 앞에서 남자의 병에는 기병이 많다고 말씀드렸는데 몸을 많이 쓰기 때문에 기가 많이 소모됩니다. 정신적인 문제도 간과할 수 없습니다. 정신적인 스트레스로 인해서 쓰는 기의 소모는 몸을 써서 생기는 기의 소모만큼이나 많습니다. 몸보다는 정신적인 노동을 많이 하는 현대인들에게 질환들이 많이 생기는 것은 이상한 일이 아닙니다. 면역력 저하라는 표현으로 많이 말씀하시는데 한의학적으로 보면 기의 소모로 기가 부족해져서 우리 몸을 지키는 능력이 떨어진 것을 말합니다.

음식으로 보충하는 후천지기는 나이가 들수록 더욱 중요해집니다. 한의학에서는 소화하는 기운을 뜻하는 위기가 있는지 여부에 따라서 병이 나을지 아닐지, 죽게 될 것인지 살게 될 것인지를 구분합니다. 그만큼 후천지기는 중요합니다.

현대인들의 대부분은 소화기관 질환을 달고 있습니다. 불규칙

한 식습관이나 음주, 잦은 야근과 야식 등으로 소화 기능을 상하게 되어 음식을 통한 기의 보충이 부족해집니다.

현대인들에게 과거에 볼 수 없었던 질병들이 많이 생기는 것은 이런 것들에서 원인을 찾을 수 있습니다. 우리가 음식을 통해서 섭취하는 것은 비단 영양소뿐이 아닙니다. 음식을 통해 음식의 기와 미를 섭취하는 것입니다. 약재인 녹용을 먹을 때도 녹용의 영양소를 섭취하는 것이 아닙니다. 녹용의 자라는 힘을 섭취하는 것입니다. 우리가 느끼는 맛에도 기가 있습니다. 맛을 통해 우리 몸의 기운을 보충하고 회복하는 것입니다. 우리 몸의 기가 음식의 기를 흡수할 수 있는 상태가 되었을 때 음식을 드시던 약을 드시던 효과를 볼 수 있는 것입니다.

3. 어혈瘀血 - 우리 몸을 아프게 하는 죽은 피

어혈이라는 말을 한 번쯤은 들어보신 적이 있으시죠? 한의원에서 진료를 하다 보면 어른들이 '어혈 = 죽은 피'라는 표현을 많이 쓰시는 것을 볼 수 있습니다.

그러면 죽은 피는 무엇일까요? 피는 우리 몸의 혈관 안을 돌면서 산소와 영양을 공급합니다. 그런한 피가 있어야 할 혈관 안에 있지 않고 조직이나 관절 등에 있어 몸 안에서 순환하지 않을 때 죽은 피라고 합니다. 자신의 역할을 못하고 고여 있는 것을 어혈이라고 합니다. 어혈은 병의 결과이자 병의 원인이 됩니다. 어떤 원인에 의해 어혈이 생기면 그 어혈 때문에 다시 병이 발생합니다. 어혈로 인한 많은 질환들이 있는데 고혈압이나 고지혈증 같은 성인병도 여기에 속합니다. 실제로 사혈부항을 통해서 혈의 순환을 도와 치료하는 경우가 많습니다.

어혈의 대표적인 예는 타박상입니다. 교통사고 후 그날은 괜찮다가 다음날 갑자기 아프다거나 허리가 아팠는데 등이나 다리로 아픈 부위가 옮겨가는 것은 어혈로 인한 것입니다. 1년 전에 난 교통사고로 인해서 갑자기 전신이 아프다고 하시는 경우도 있습니다. 이것도 어혈로 인한 것입니다.

타박상 외에도 감정적인 문제나 과로 등으로 인해 기의 순환이 안 될 때 혈의 순환이 안 되어 어혈이 생기는 경우도 있습니다. 직장인들 중에 가슴이 답답하다고 하여 가슴 중앙 부위를 사혈부항하면 부항 컵에 1/2 이상 피가 고이는 경우도 있습니다. 이렇게 피를 빼고 나면 가슴이 시원하다고 하시면서 침 치료를 받는 중 잠이 드시기도 합니다.

어혈 치료는 뭉친 혈을 부항으로 빼내고 침 치료를 통한 기 순환으로 혈 순환을 돕는 것입니다.

한의학에서는 혈은 물과 같고 기는 바람과 같다고 하였습니다. 바람이 물 위로 부는 것처럼 혈과 기의 모습으로 생각합니다. 기는 혈을 이끌고 다니므로 기가 흐르면 혈이 흐르고 기가 멈추면 혈이 멈춥니다. 기가 따뜻하면 혈이 매끄럽게 흘러가고 기가 차가우면 혈이 껄끄러워 잘 흐르지 못 합니다. 기가 흐르지 못 하면 혈도 흐르지 못 합니다. 따라서 어혈을 치료할 때에도 기를 조절하는 것이 중요합니다. 침을 통한 기 순환을 도왔을 때 혈의 순환이 좋아지므로 어혈을 예방하는 것도 가능합니다.

한의학은 이렇게 근본을 치료하기 때문에 병을 예방하는 것도 가능합니다.

4. 담음痰飮 - 몸 안에 남아 있는 찌꺼기

담음은 '담적병'이라는 표현으로 가장 잘 알려져 있습니다. 물(수분)이 우리 몸 안에서 순환을 잘 할 때 한의학에서는 진액이라고 설명합니다. 하지만 소화기관이 약해져서 드신 것들이 제대로 흡수되지 않으면 명치에 정체되거나 옆구리에 모이거나 방광으로 넘쳐흐릅니다. 흡수되지 않고 정체되어 있는 몸 안에 남아 있는 찌꺼기를 담음이라고 합니다.

음은 수분이 흩어지지 않아서 병이 된 것입니다. 배 속에서 꾸룩거리는 소리가 자주 나거나 설사를 자주 하거나 몸이 잘 붓고 차가워지는 증상이 나타납니다.

담은 음이 열에 훈증되어 병이 된 것입니다. 보통은 스트레스를 받으시거나 몸에 열이 많은 분들이 소화기관에 문제가 있을 때 음이 뭉쳐져 생깁니다. 보통 근육이 한군데 뭉치면 담이 결렸다고 말씀하시는데 흐르지 않고 한군데 뭉쳐져 있는 병리적 산물(찌꺼기)을 그렇게 표현하시는 것입니다. 많은 경우 이것은 어혈입니다.

한의원에서 많이 볼 수 있는 담의 표현은 "목구멍에 뭐가 걸린 것 같이 꺼끌꺼끌하고 답답하다. 병원에 가서 검사해도 아무것도 없다."라는 것입니다. 한의학에서는 그런 증상을 '매핵기'라고 합니다. 보통은 중년 여성들이 많이 호소하시는 증상이었는데 요즘은 사업을 하시는 분들이나 직장인들도 종종 그런 증상을 호소하십니다.

대부분 소화기관 증상을 가지고 계십니다. 내과에서 역류성 식도염약을 드시다가 오시는 경우도 많습니다. 담은 눈에 보이지 않는 찌꺼기도 포함하기 때문에 양의학 검사로는 나타나지 않습니다. 소화기관의 약과 담음을 없애는 약을 같이 쓰면 바로 좋아지십니다.

하지만 이 경우도 소화기관 기능 저하와 몸의 순환의 문제가 근본적인 문제이기 때문에 침 치료를 통한 순환이 반드시 병행되어야 합니다.

개원을 하니 마케팅도 어려운 문제였다. 내가 해본 마케팅은 과외할 때 아파트에 광고 전단지를 붙여본 게 전부였다. 게다가 강남은 광고가 정말 치열한 곳이다. 조금만 해서는 광고를 한 티도 안 났다. 돈을 많이 쓰면 해결될 일이었지만 마케팅에 돈을 많이 쓸 만큼 여유롭지 못했다. 나중에 쓸 일이 있을지도 모른다고 해서 찍어둔 프로필 사진이 전부였다.

개원하고 한 달이 안 되었을 때, 한의사 카페에 매일경제 TV 〈건강한의사〉에 출연할 원장님을 구한다는 공고가 났다. 원장님 4명이 팀을 이루어 전화로 건강 상담을 하는 프로였다. 생방송으로 진행되고 일주일에 1번씩 가면 되는 것이었다. 자기소개와 프로필 사진, 방송을 하고 싶은 이유 등을 적어서 바로 지원했다. 결과는 합격이었다. 방송에 나가려면 연줄이 있거나 돈을 많이 쓰거나 아니면 정말 유명한 인사여야 한다고 들었는데 정말 감사한 일이었다. 나로서는 돈을 들이지 않고 마케팅을 할 자료들을 만들 수 있는 좋은 기회였다.

 의상도 화장도 어떻게 해야 하는지 전혀 모르는 상태에서 첫 방송을 시작했다. 게다가 생방송이라서 매우 긴장됐다. 선배 원장님들에게 들은 "카메라만 잘 보면 된다."라는 조언만 믿고 불이 들어오는 카메라를 환자 눈이라고 생각하며 환자가 전화로 말하는 것에 따라 상담을 하였다. 환자가 어떤 질환에 대해서 말할 것인지는 사전 인터뷰가 진행되어 있는 상황이었다. 하지만 환자들은 막상 전화가 연결되자 평소에 궁금했던 부분을 포함해 다른 아픈 부분들까지 문의를 했다. 당황하지 않고 침착하게 상담하는 것이 중요했다. 이야기가 잘 안 들려서 못 알아들을 때도 침착하게 다시 물어보고 이해가 되도록 잘 설명해야 했다. 생방송이라 시간이 정해져 있는 상황에서 돌아가면서 말해야 하기 때문에 시간 안배를 잘해야 했다.
 처음 방송을 생방송으로 시작해서 그런지 후에 다른 방송에 나가면 카메라에 대한 두려움이 없고 시선 처리가 자연스럽다는 칭찬을 자주 들었다.

전화가 연결된 환자들은 여기저기 다니다가 정말 답답해서 전화를 하는 경우가 대부분이었기 때문에 방송 자체를 재미있다고 생각할 새가 없었고 항상 마음이 무거웠다. 그런 나의 상태가 표정으로도 드러나서 증상의 원인과 치료 방향 등을 상담할 때는 얼굴이 딱딱해졌다. 몇 번이나 지적을 받았지만 어쩔 수 없었다. 방송보다 환자 상담이 더 중요하다고 생각하였기 때문이다. 그 방송을 보고 단 1명이라도 희망을 갖고, 조금이라도 도움이 된다면 그것으로 됐다고 생각하였다.

몇 개월 정도 방송을 지속하다 보니 몸에 무리가 가는 상황이 되었다. 내 체력으로는 주중에 하루 12시간 정도의 진료와 생방송을 병행하는 것은 무리였다. 생방송 준비 과정까지 생각하면 더 이상 방송에 나간 것은 진료에 영향이 있을 것 같아서 방송을 그만두기로 하였다.

방송은 여기서 끝이라고 생각했는데 갑자기 푸드TV 측으로부터 전화가 왔다. 셰프와 함께 하는 방송을 기획 중인데 출연할 생각이 있냐는 것이었다. 2번에 걸쳐서 하루 종일 찍으면, 일주일에 1번씩 두 달 동안 나간다는 것이었다. 이틀만

시간을 빼면 될 것 같았다. 고민 끝에 체력적으로나 진료 스케줄로 보나 괜찮을 것 같아서 출연하기로 결정하였다.

나는 오프닝과 클로징 멘트, 중간중간에 질문과 멘트 등을 잘 하면 되었다. 반면 셰프님은 한번에 4번을 찍고 요리를 8개나 만들어야 했다. 준비, 세팅, 요리 정리까지 하면서 적당히 요리에 대한 설명도 해야 했다. 요리를 하면서 방송을 하는 셰프님들은 정말 대단하다는 생각이 절로 들었다. 불 가까이에서 찍으니 너무 더웠는데도 에어컨 소리가 들어가면 안 되기 때문에 에어컨 없이 촬영을 했다. 요리 하나 만들고, 정리하고, 땀 식히는 과정이 반복되었다.

그러던 중 SBS의 〈모닝와이드〉에서 연락이 왔다. 지상파에서 연락이 오다니! 깜짝 놀랐다.

〈모닝와이드〉에서는 운동하는 모습, 진료하는 모습, 요리하는 모습, 방송하는 모습을 찍고 싶다고 하였다. 진료시간을 많이 뺄 수 없어서 동선을 최소화 하면서 촬영하였다. 푸드TV 측에 양해를 구하고 푸드TV 방송을 촬영하는 촬영장에서 SBS 촬영팀과 인터뷰를 하였다. 그리고 한의원 바로 옆 발레 필라테스 학원 원장님께 허락을 구하고 운동하는 모습을 촬영할 수 있었다. 내원하신 환자 분들에게 양해를 구하고 진맥을 잡고 침을 놓는 모습도 촬영할 수 있었다. 요리가 가장 큰 걱정이었다. 간단히 할 수 있으면서 영양가가 있는 것으로 선정해야 했다. 고민 끝에 불을 많이 안 써도 되는 냉샐러드파스타를 만들었다.

나중에 '요리하는 한의사 김민정'이라는 타이틀이 붙은 〈모닝와이드〉 방송을 보니 편집을 너무 잘 해 주신 것을 알 수 있었다. 특히 한의사로서 앞으로의 다짐을 말해 달라는 요청에 즉석에서 말한 멘트를 마무리 멘트로 넣어 주어서 감사하였다.

"한의학에서는 병이 생기기 전에 치료하는 의사를 가장 좋은 의사라고 합니다. 국민들의 건강을 지키고 책임질 수 있는, 교육할 수 있는 한의사가 되는 게 제 꿈입니다."

그 뒤로 KBS, MBC, 채널A, JTBC 등 다양한 방송국에서 연락이 와서 한동안 방송을 많이 하게 되었다. 뉴스 인터뷰나 아침방송은 진료에 방해가 되지 않는 시간에 한의원에서 촬영하도록 배려를 받았다. 매번 최선을 다해서 촬영을 하니 기회가 계속 들어오는 것 같다.

설곡산
밥퍼 봉사

부원장으로 일할 때 설곡산에서 최일도 목사님이 운영하시는 '밥퍼 봉사'에 몇 번 참여한 적이 있었다. 그곳에서 수련생들의 식사를 준비하는 봉사를 하였다. 어느 날 집회 시작 전에 식사를 준비하고 있는 나를 전부터 알고 지내던 설곡산 밥퍼 찬양 담당 목사님이 갑자기 찾았다.

집회를 인도하시는 최일도 목사님이 방송을 하고 오시다가 허리를 삐끗하셨다는 것이었다. 혼자 일어나시기도 힘들고 허리를 펼 수도 없는 상태여서 주변의 도움을 받아 겨우 집회 장소로 오셨다는 것이다. 엎친 데 덮친 격으로 평소에 목사님을 치료해 주시던 한의사 선생님도 멀리 계셔서 오시기 힘든 상황이라고 하였다. 이대로는 예배를 인도하는 것이 불가능한 상황이었다.

혹시 아픈 사람이 있을지 몰라서 침을 가지고 가긴 하였지만 이 상황이 매우 부담스러웠다. 수십 명이 합숙하는 프로그램을 인도하시는 목사님의 허리를 바로 고쳐 드려야 하는 상황이라니! 당장 치료를 할 수 있는 의료진이 나밖에 없었기 때문에 침을 가지고 최일도 목사님이 계시는 곳으로 갔다. "어이쿠, 한의사라고 해서 연세가 많으신 분일 줄 알았는데 젊은 아가씨네~." 하시면서 최일도 목사님은 반갑게 웃어 주셨지만 누워 계신 침대에서는 일어나시지 못 하였다.

다른 목사님들과 스텝들이 걱정하면서 침대 주변과 응접실 소파에 계셨다. 평소에 최일도 목사님은 부항 치료만 하시고 침은 맞지 않으신다고 하였다. 젊었을 때 무면허자에게 침을 맞고 얼굴이 돌아가서 한동안 고생하신 후로는 침을 맞지 않는다고 하셨다. 침을 가볍게 여기고 아무나 놓을 수 있는 것이라고 생각하는 분들이 많은데 침은 정말 잘 써야 한다. 몸의 경락 전체에 영향을 미치기 때문에 잘못 놓은 침은 큰 부작용을 일으킨다.

부항 치료를 하고 싶다고 하셨지만 부항할 도구가 없었다. 침밖에 없었다. 다들 염려하는 눈치였지만 다른 대안이 없었다. 최일도 목사님도 침을 무서워하셨지만 지금 구할 수 있는 의료진이 나밖에 없었고 당장 허리를 고쳐야 했기에 침을 맞기로 하셨다.

주변 사람들의 부축으로 겨우 일어나신 최일도 목사님을 편편한 큰 탁자에 엎드리시게 하고 침을 놓았다. 이렇게 준비되지 않은 상황에서 당장 치료를 하여 결과를 내야 하는 건 처음 있는 일이었다. 15분 정도 유침 후 침을 뺐다. 최일도 목사님은 침 치료 후에 혼자 일어나서 허리를 쭉 펴실 수 있었다. 한결 부드러워졌다고 하셨다. 치료를 끝내고 식당으로 돌아와 실시간으로 집회를 인도하시는 것을 보니 무릎을 꿇고 기도하시는 것도 서서 예배를 인도하시는 것도 불편이 없어 보이셨다. 침 치료는 맞는 당시보다 시간이 지날수록 더 효과적이다. 기의 흐름을 바로 잡아 주고 아픈 곳에 기운이 가도록 도와주어 스스로 치료하기 때문이다.

최일도 목사님은 직접 침 효과를 보신 후 집회 기간 동안 아픈 환자들을 나에게 보내셔서 침을 맞게 하셨다. 오랫동안 다리가 아팠던 환자, 머리가 너무 아프고 어지러워서 힘든 환자, 자동차가 발을 치고 지나가서 고질적으로 발이 아픈 환자 등 다양한 환자들이 침을 맞으러 내 숙소에 찾아왔다. 침

을 맞고 너무 좋다며 하루에 2번씩 맞겠다는 분들도 계실 정
도였다.

영화를 보면 비행기 안이나 위급한 상황에 갑자기 의사가
나타나서 치료하는 장면들이 있다. 영화에서처럼 죽고 사는
문제는 아니었지만 설곡산에서의 상황도 내가 아니면 안 되는
위급한 상황 중 하나였다. 가끔 상상해 보기만 했던 상황이었
는데 비슷한 경험을 하게 되어 기분이 묘했다.
　의료진으로서 항상 준비하고 있어야 한다는 것, 언제 어디
서든 도움이 되는 사람이 되어야 한다고 느끼게 해 준 사건
이었다.

졸업을 하고 몇 년 동안 쉬는 날 없이 일하다 보니 몸도 마음도 지쳐서 좀 쉬어야겠다는 생각을 하게 되었다. 그래서 추석 연휴를 이용해 미국에 있는 친구를 만나러 가기로 했다. 미국은 처음이라 기대가 컸다.

출발 전날 밤 9시까지 일하고 다음날 공항으로 갔다. 예매해 둔 비행기표를 발권하려고 하는데 승무원이 비자가 필요하다고 안내해 주었다. 미국도 비자 없이 가는 나라 중 하나라고 생각하고 미리 알아보지 않은 나의 실수였다. 비행기 출발 2시간 전까지 온라인으로 비자를 신청할 수 있다는 안내를 받고 휴대전화로 비자를 신청했다. 그러나 추석 때라 사람이 몰려서 그런지 "비자가 발급되려면 최대 72시간을 기다려야 한다."는 안내만 뜨고 발급이 안 되는 것이었다. 뉴욕에 있는 친구에게 못 갈 수도 있다는 연락을 하고 공항에서 좀 더 기다려 보기로 했다. 승무원은 비행기 출발 40분 전까지 발급이 안 되면 비행기표를 취소해야 한다고 하였다. 초조하게 기다리는 수밖에 없었다. 다행히도 비행기 출발 40분 전쯤에 비자 발급 안내가 휴대전화에 떴고, 무사히 미국으로 갈 수 있었다. 14시간 정도의 장시간 비행을 마치고 밤 11시경 뉴욕 공항에 도착하였다. 택시를 타고 친구가 알려준 주소로 갔다. 미국 여행의 시작이었다.

시간이 없었기 때문에 여행을 타이트하게 해야 했다. 일이 많은 친구와는 며칠 뒤에 같이 뉴올리언스를 가기로 하고, 이틀 동안 혼자서 뉴욕 여행을 하기로 했다. 여행에 대한 흥분 때문이었는지 시차도 느낄 수 없었다. 첫날은 뉴욕을 투어하는 프로그램에 참여해서 설명을 들으면서 뉴욕 전체를 보고 크루즈를 탔다. 투어를 다니며 뉴욕은 이민자의 도시라는 생각이 많이 들었다.
투어가 끝나고 친구와 식사를 하기로 한 레스토랑으로 향하였다. 친구보다 먼저 도착해서 전망 좋은 자리에 앉아 있자 종업원이 다가와 "물 드릴까요? 스파클링 워터랑 일반 물, 얼음물이 있습니다."라고 물었다. 한국에서처럼 당연히 물은 공짜일거라고 생각하고 스파클링 워터를 시켰다. 그러자 와인을 담는 얼음통에 물을 담아가지고 오는 것이었다. 좀 이상한 느낌이 들어 "이거 공짜인가요?"라고 물으니 종업원이 깜짝 놀라면서 유료이며 가격을 이야기해 주었다. 문화 차이에서 온 작은 실수였다. 나중에 온 친구에게 이 이야기를 하며 같이 웃었던 기억이 있다. 둘째 날은 모마박물관과 메트로폴리탄 미술관에 다녀왔다.

다음 날, 친구와 함께 뉴올리언스로 출발하였다. 뉴올리언스는 뉴욕과는 전혀 다른 곳이었다. 아프리카 사람들이 노예로 잡혀오던 항구가 있는 곳이어서 슬픈 역사를 간직한 곳이기도 하였다. 우리가 묵었던 호텔은 스페인 풍으로 지어진 곳이었는데 아담하지만 전통적인 모습을 가지고 있었다. 곳곳에 재즈음악이 들렸다. 루이암스트롱의 고향답다는 생각을 하였다.

아름다운 미시시피 강에서 일출을 보고 친구와 악어를 보러 늪지대로 갔다. 6명이 그룹이 되어서 오픈 보트를 타고 가는데 출발하고 얼마 안 되어서 비가 내리기 시작했다. 부슬부

슬 내리는 비가 아니라 몸을 때리는 장대비였다. 눈을 뜰 수도 없었고 몸이 너무 아파서 웅크린 채로 1시간 정도 배를 탔다. 악어는 아주 잠깐 보고 비를 엄청 맞은 기억만 난다. 언제 이런 경험을 해 볼까 싶을 정도로 인상적인 경험이었다.

뉴올리언스는 프랑스 영이었다가 미국으로 다시 편입된 주였다. 그래서 그런지 프랑스 문화가 섞여 있었다. 게다가 미시시피 강은 무역을 했던 곳이라 다른 문화들이 공존했다. 독특하고 아름다웠다.

열흘 정도의 미국 여행은 순식간에 지나갔다. 한국으로 돌아가는 비행기는 중국을 경유하는 것이었다. 가장 저렴한 것을 선택하는 바람에 중국에서 하룻밤 머물고 다음 날 아침에 출발하는 일정이었다. 이 짧은 일정 속에서도 다양한 일들이 발생했다.

상해에서 출발하는 것이었는데, 내가 미국에서 도착한 공항과 다음 날 한국으로 출발하는 비행기를 타는 공항이 다른 장소였다. 중국에 도착해서 입국심사를 마치고 다른 공항으로 출발하는 공항버스를 탔다. 한국에서처럼 신용카드로 버스비를 낼 수 있을 것이라고 생각하였는데 중국 돈으로만 버스비를 받는다는 것이었다. 내가 너무 난감해 하고 있으니 앞자리에 앉은 중국인 승객이 내 몫까지 내주었다. 참 감사했다.

나는 공항 2터미널 부근에 위치한 공항 호텔을 예약해 두었었다. 숙소에 도착해서 인터넷 검색을 하다가 내가 출발하는 1터미널이 2터미널과 자동차로 20분이나 떨어진 거리에 있다는 것을 알게 되었다. 한국과 같이 가까이에 있을 것이라고 생각한 나의 실수였다. 너무 놀라서 2터미널에서 1터미널로 가는 방법을 검색해 보았다. 지하철로 가는 방법, 택시를 타는 방법, 공항버스를 타는 방법이 있었다.

중국 돈이 없었기 때문에 공항버스를 타는 것을 선택했고, 8시 반 비행기에 맞추기 위해 6시에 출발하는 첫차를 타는 수밖에 없었다. 공항버스를 놓치면 한국에 돌아가는데 문제가 생긴다는 생각에 긴장해서 잠이 안 왔다. 비자가 없었기 때문에 중국에 오래 머무를 수도 없는 일이었다.

다음 날 아침 5시 40분쯤 공항버스를 기다리는데 지나가던 중국인 택시기사가 나에게 붙어서 떠나지 않는 것이었다. 서로 말이 안 통하는 상황이었는데도 통역기를 이용해서 계속 말을 붙이는 것이었다. 택시기사는 1터미널까지 얼마에 데려다 준다고 하고, 나는 계속 거절을 하는 상황이었다. 그러자 택시기사는 공짜로 태워준다고까지 했다. 지나가던 청소부

아주머니들도 옆에서 구경을 할 정도였다. 그중 1명이 나에게 따라가지 말라는 듯한 눈짓을 하며 고개를 저었다.

사람들이 모여 있는 것을 보고 지나가던 다른 택시기사가 내리더니 상황 파악을 하고 여기 공항버스는 1터미널로 안 간다며 자기 차를 타라고 하였다. 중국인 4명에게 둘러싸여서 난감한 상황이었다. 아까 눈짓을 주신 아주머니가 보다 못해서 자기를 따라오라고 손짓하였다. 그러곤 나를 지하철을 타는 곳까지 데려다 주었다. 아주머니의 도움은 고마웠으나 중국 돈이 없던 나는 다시 버스 정류장으로 뛰어 갔다. 정류장에는 택시기사들은 다 사라지고 공항버스가 와 있었다. 작은 소동 때문에 공항버스를 놓칠 뻔했지만 무사히 버스를 타고 공항으로 가서 한국으로 돌아올 수 있었다. 여행보다는 모험에 가까웠던 경험이 아니었나 싶다.

인생도 여행도 좌충우돌하는 것 같다. 이러면서 성장하는 것일 것이다. 잠시 왔다가 가는 인생이라는 여행길에 참 많은 일이 있었다. 돌이켜보면 여러 사람의 도움이 있었고 감사한 일도 많았다.

사람들이 나에게 꿈이 무엇이냐고 물어본다. 열심히 일하고 하루하루를 성실히 살면서 언젠가는 돈 안 되는 일을 하는 게 나의 꿈이다. 돈을 받는 일이 아니라 돈 없이 베푸는 삶을 살고 싶다. 한의사로서 많은 이들에게 도움이 되는 것 또한 나의 꿈이다. 이 학문을 더 잘 깨달아 알고 나이가 들어 인생의 깊이가 깊어지면서 사람을 더 이해하고 더 잘 치료하는 사람이 되고 싶다. 하루하루 성장해 나가는 나를 보고 싶다.

한의학은 사람의 몸을 어떻게 치료할까?

1. 일구—灸 – 뜸 치료

뜸이라는 것은 사람 몸의 겉면에 흐르고 있는 경락과 혈 자리 또는 아픈 부위에 쑥뜸을 떠 경락에 따뜻한 기운을 불어넣음으로써 기혈의 순환을 원활하게 조절하여 질병 예방 및 치료의 목적을 달성하는 전통 치료입니다.

뜸은 몸속의 신선한 피를 생산하는데 기여하고 인터페론의 생산이 증가되어 염증의 확산을 막고 또 이를 없애 주는 데 도움을 줍니다.

또한 뜸을 뜨면 뇌의 중간에 있는 송과선에서 스트레스 및 암의 억제와 면역력 증강, 그리고 심장병 및 노화를 방지하는 물질로 알려진 멜라토닌 호르몬이 증가한다고 하며 소화기관에도 좋은 효과를 보입니다.

불안하고 초조한 정신질환에도 도움이 됩니다. 뜸을 뜸으로써 정신적인 안정을 도모할 수 있습니다. 그리고 내분비 질환이나 체액대사의 개선에도 도움을 주어 자율신경 조절에도 많은 도움을 줍니다.

급성적인 질환에 침과 약이 더 우선시 된다면 보다 만성적인 질환에서는 뜸 치료가 효과적입니다. 주로 허증虛證과 한증寒證에 더 크게 작용합니다.

뜸에 주로 사용하는 재료는 애엽으로 알려져 있는 쑥인데, 쑥 자체가 가지고 있는 성미를 이용하는 것입니다. 뜸은 특별히 준비된 쑥을 활용하여 특정한 경락과 수혈을 선택하여 일정량의 자극을 주고, 그에 따라서 조화가 깨어진 '기'와 '혈'의 순환을 정상으로 되돌려 건강을 유지하게 하는 매우 탁월한 요법입니다. 뜸의 유구한 역사는 수천 년에 걸쳐 이미 확인되어 왔습니다.

쑥의 효능

《동의보감》에 따르면 쑥은 그 맛이 쓰면서 매워 비, 신, 간 등에서 기혈을 순환시키며, 하복부가 차고 습한 것을 몰아내는 효능을 지니고 있다고 합니다.

한의학에서는 '약식동원'이라 하여 식품과 약물을 같은 것으로 보고 있습니다. 우리가 먹는 것 중 성질이 한쪽으로 두드러진 것을 약으로 사용해 왔던 것입니다. 음식으로서 쑥의 효능과 약으로서 쑥의 효능에 대해 살펴보겠습니다.

음식으로서 쑥의 효능

1. 비타민 A와 비타민 C의 보고인 쑥은 특히 환절기 식품 중 으뜸으로 손꼽힙니다. 봄이 되면 현저히 나타나는 피부 건조, 호흡기 질환, 각종 알레르기성 증상, 위장병 등을 예방 및 치료하는데 쑥은 매우 좋은 식품으로 알려져 있습니다.
2. 쑥은 위장을 튼튼히 해서 식욕을 돋우고 천식에도 좋습니다. 특히 쑥즙은 식욕 촉진과 함께 소화에 특효가 있는 것으로 보고 있습니다.
3. 쑥탕은 신장, 신우염 등으로 인한 부종을 없애 주는 등, 피부의 독소를 제거해 주는 효능이 있습니다. 야외에 나갔을 때 피가 나는 상처에 쑥을 붙이면 지혈 효과도 나타납니다.
4. 쑥은 칼슘, 철분 등이 많이 들어 있는 훌륭한 알칼리성 식품으로, 산성 체질이 되기 쉬운 우리 몸에 좋은 역할을 합니다.
5. 쑥은 음력 5월 단오 전후로 채취한 것이 가장 약효가 좋다

고 하는데, 차로 쓰는 쑥도 이 무렵에 채취하는 것이 좋습니다. 또 쑥은 산중에서 채취한 것보다 바닷가나 섬에서 채취한 것이 약효가 더 좋은 것으로 알려져 있습니다

쑥은 약으로서도 많이 쓰입니다. 《명의별록》에서는 쑥을 백병을 구한다고 극찬할 정도이고, 《본초강목》에서는 "쑥은 속을 덥게 하고, 냉을 쫓으며, 습을 없애 준다."고 기록되어 있습니다.

약으로서 쑥의 효능

1. 기혈과 경맥을 따뜻하게 해 주기 때문에 자궁과 하복부가 차서 일어나는 자궁 출혈 및 임신 중 출혈, 토혈, 코피, 각혈 등에 사용하면 지혈작용을 합니다.
2. 하초가 허약하고 차며, 복부에 냉 감과 동통이 있는 증상 및 생리불순, 생리통, 대하에 효과가 탁월합니다.
3. 기관지 평활근 이온 효과가 있어 만성 기관지염과 만성 간염, 간경변에 효과가 있습니다.
4. 신경통, 감기 등에도 유효하다고 기록되어 있습니다.
5. 쑥을 계속해서 먹으면 암 예방 효과가 있습니다.

쑥은 증상에 따라 집에서도 이용할 수 있습니다. 참고로 쑥은

자체에 독성이 있기 때문에 3년 정도 지난 것이 좋으며 쑥의 독성으로 피부가 빨갛게 될 경우 참기름을 바르면 즉시 좋아집니다.

집에서 쑥을 이용하는 방법

1. 항문 출혈 : 딱딱하게 굳어진 대변으로 인해 항문에서 출혈이 심할 때 쑥 가루를 곱게 갈아 항문에 발라 줍니다.

2. 만성 위장병 : 쑥 조청을 만들어 아침, 저녁 공복에 한 숟가락씩 먹습니다.

3. 냉(차가움)으로 인한 두통 : 쑥 생즙에 3컵 정도의 물을 넣어 반으로 줄 때까지 달여 차처럼 마시면 효과가 매우 좋습니다.

4. 설사 : 쑥 생즙을 작은 술잔 1잔 정도 마시면 좋습니다. 봄부터 여름에 걸쳐 채취한 쑥을 그늘에서 말려 두었다가 설사할 때마다 20그램 정도씩 생강과 함께 달여 마십니다.

5. 코피가 계속 날 때 : 바람이 잘 통하는 그늘에서 바짝 말린 조금 쌘 쑥을 하루에 3그램씩 3홉에 넣어 반으로 줄 때까지 달여 따뜻할 때 마십니다.

6. 팔꿈치 통증 : 쑥의 생잎 200그램(말린 잎은 60그램)을 깨끗이 씻어 보자기에 싸서 따뜻한 목욕물에 우려낸 다음 목욕을 하면 좋습니다. 보자기에 싼 쑥으로 아픈 부위를 마사지

하면 더욱 좋습니다.

7. 배가 자주 아플 때 : 쑥으로 즙을 내어 아침 공복 시에 먹으면 통증이 한결 가십니다.

8. 임산부 하혈 : 쑥의 생잎으로 담근 술을 조금 마시면 효과가 있습니다.

2. 이침二鍼 - 침 치료

저도 한의대를 가기 전에는 침 치료를 받은 적이 없어서 침 치료에 대한 의구심이 항상 있었습니다. 하지만 침 공부를 하고 스스로 침을 놓아 오래된 고질병을 고치면서 침에 대한 신뢰와 확신이 생겼습니다.

간단히 말씀드리면 침은 몸의 균형을 맞추고 더 나아가서는 자연의 흐름에 균형을 맞추는 것입니다. 마치 라디오 주파수를 맞추듯이 침을 통해 몸의 균형인 기의 흐름을 맞추는 것입니다. 그렇게 되면 몸이 가지고 있는 생명력이 깨어나 스스로 몸을 치료하고 건강한 상태로 회복되는 것입니다.

우리 몸은 항상 균형을 맞추도록 구성되어져 있습니다. 체온의 균형, 혈당의 균형, 혈압의 균형이 가장 잘 알려져 있습니다. 다시 말씀드리면 우리 몸은 항상성을 유지하면서 일정한 체온, 일정한 혈당, 일정한 혈압이 되도록 조절합니다.

몸의 균형이 깨지면 이러한 항상성이 무너지게 됩니다. 양의학의 경우 한 방향의 치료를 합니다. 예를 들면 혈압을 올리거나 낮추거나, 혈당을 올리거나 낮추거나 하는 등의 치료를 합니다. 하지만 우리 몸의 균형이 깨졌을 때는 그것을 발생시킨 원인이 있을 것이고 그것에 맞추어서 몸이 반응하는 것입니다.

단지 약으로 수치만 조절한다고 해서 치료가 되는 것은 아닙니다. 오히려 억지로 약을 통해 조절된 균형은 장기적으로 보았을 때 몸의 회복력을 파괴시켜 건강을 악화시키는 결과를 초래하게 됩니다.

침 치료는 양방향입니다. 즉 침을 통해 혈압을 올리거나 낮추거나, 혈당을 올리거나 낮추거나하는 치료가 가능합니다. 이는 단순히 수치를 조절하는 것이 아닌 우리 몸의 항상성 조절 시스템을 침으로 회복시키기 때문에 가능한 일입니다.

한방 치료는 양방 치료에 비해 시간이 오래 걸리고 결과가 갑자기 두드러지게 나타나지 않습니다. 하지만 기의 흐름을 변화시켜 스스로 몸이 회복되도록 만들어 궁극적으로 건강한 신체가 되도록 합니다. 당연히 부작용도 나타나지 않습니다.

침 치료는 자연의 흐름에 맞추어 스스로 몸이 회복되게 하는 놀라운 선조들의 지혜가 담긴 유산이라고 생각합니다.

3. 삼약三藥 – 한약 치료

한약은 치료약보다는 보약이라는 개념으로 많이 알려져 있습니다. 그래서 많은 분들이 건강보조식품으로 한약을 대체하는데 그것은 위험한 일입니다. 사람의 몸은 천차만별이고 아픈 부위가 같더라도 병이 생기는 원인이 다를 수 있기 때문에 함부로 복용하면 위험합니다. 어떤 사람에게는 좋은 식품이 나에게는 독이 될 수 있습니다.

물론 한약이 몸의 부족한 부분(특히 정)을 보충하는 것에 탁월해서 오래된 만성 질환이나 노인성 질환, 피로할 때 많이 쓰입니다. 하지만 치료약으로써도 한약은 굉장히 탁월합니다.

오래된 고질병의 경우 양의학에서는 수술을 권하는 경우가 많지만 날카롭고 예리하게 약을 쓰게 되면 수술할 필요 없이 병이 낫기도 합니다.

오래된 피부 질환이나 아토피도 개인에 맞추어서 제대로 된 한약 치료를 했을 때 치료가 됩니다. 양의학에서 불치병이라고 하는 병들도 양의학의 관점에서 치료할 수 없을 뿐이지 한의학적인 관점으로 접근했을 때는 치료가 가능한 경우도 많습니다.

한약은 단순한 보약이 아닙니다. 선조들이 오랫동안 경험을 통해 만들어 놓은 치료약입니다. 양의학처럼 약재 안에 들어 있는 물질만을 보고 약을 쓴 것이 아닙니다. **약재가 가지고 있는 기와 미**를 섭취하여 우리 몸의 기를 조절하거나 보충한 것입니다.

약재는 각각 가지고 있는 성질이 다릅니다. 향을 주로 이용하는 약재, 씨의 성질을 이용하는 약재, 잎을 이용하는 약재가 다릅니다. 언제 채취했는지 얼마나 오랫동안 재배했는지에 따라서 같은 약재라도 성질에 차이가 있습니다. 한의학은 이런 약재들을 잘 선별하고 오랜 임상 경험을 통해서 개인에게 맞는 치료약으로써 한약을 발전시켜 왔습니다.

4. 병이 생기기 전에 치료한다

한의학에서는 병을 미리 예방하는 것을 가장 좋은 치료법이라고 말합니다. 양생을 통해서 몸을 보호하고 사시사철에 맞추어서 조화로운 삶을 살았을 때 몸이 건강한 상태를 유지한다고 보았습니다. 한의학에서 불치라고 말하는 것들과 양생을 위해 금하고 있는 것이 있습니다.

《동의보감》에서 말하는

창공이 말하되
"병은 있으나 약을 먹기 싫어하는 것이 첫째로 치료할 수 없는 것이고, 무당을 믿고 의사를 믿지 않는 것이 둘째로 치료할 수 없는 것이며, 생명을 귀중히 여기지 않고 몸을 조리하지 않는 것이 셋째로 치료할 수 없는 것이다."고 하였다.

편작이 말하되 "병에 6가지 치료할 수 없는 것이 있다.
첫째, 교만하고 건방져 이치에 어울리지 않는 것이
치료할 수 없는 것이고,
둘째, 몸을 소중히 여기지 않고 재물만 소중히 여기는 것이
치료할 수 없는 것이며,
셋째, 먹고 입는 것을 적당히 하지 않는 것이 치료할 수 없는 것이고,
넷째, 음양과 장기가 다 안정되지 않는 것이 치료할 수 없는 것이고,
다섯째, 몸이 수척해지고 약을 먹지 못하는 것이 치료할 수 없는 것이며,
여섯째, 무당을 믿고 의사를 믿지 않는 것이 치료할 수 없는 것이다."
고 하였다.

예전에 쓰인 글귀인데도 현대인들에게도 적용이 되어 신기하고 놀랍습니다. 자신의 몸을 아끼고 전문가의 조언을 따르는 것에 대해서 충고하고 있습니다.

또한 《동의보감》에서는 양생법을 제시하고 있는데 7가지 금지할 것에 대해 말하고 있습니다.

《동의보감》의 양생칠금문東醫寶鑑 養生七禁文

《동의보감》에서 인용하고 있는
옛 선현들의 양생법인 태을진인太乙眞人의 '양생칠금문'
첫째, 말하는 것을 적게 하여 속 기운을 기른다 少言語 養內氣.
둘째, 성생활을 조절하여 정기를 기른다 戒色慾 養精氣.
셋째, 기름진 음식을 적게 먹어 혈액을 맑게 한다 薄滋味 養血氣.
넷째, 침을 뱉지 말고 삼켜서 오장의 기운을 기른다 嚥精液 養藏氣.
다섯째, 화를 내지 않아 간의 기운을 기른다 莫嗔怒 養肝氣.
여섯째, 음식을 적절히 먹어 위기를 기른다 美飮食 養胃氣.
일곱째, 생각을 적게 하여 심기를 기른다 少思慮 養心氣.

이렇게 한의학에서의 건강은 평소 생활 습관과 깊이 관련되어 있습니다. 음식과 생각하고 말하는 것, 성격적인 부분까지 고려하고 있습니다. 계속 말씀드리지만 한의학은 눈에 보이지 않는 기(에너지의 흐름)를 중시하기 때문입니다. 우리가 어떤 생각을 하는지 어떤 감정을 갖는지 어떤 음식을 먹는지는 기의 흐름과 밀접한 연관이 있고 궁극적으로는 우리의 몸을 변하게 만듭니다.

한의학,
더 깊게 알아가기

한의대 시절, 과외를 하면서 고등학생들이 스트레스로 인
해서 몸은 물론 마음까지도 병이 드는 것을 많이 보았다. 이
때 사회적인 개선이 필요하고, 스트레스로 인한 병에 대한 연
구가 더 필요하다고 느꼈다. 한의학은 오래전부터 몸과 마음
을 하나로 보아 치료를 하였고, '화병'이라는 질환명을 붙여
서 스트레스 질환에 대해서 연구하기도 하였다. 한의학이 21
세기에 더욱 필요한 의학인 이유는 현대인이 가지고 있는 대
부분의 질환이 스트레스로 인한 것이기 때문이다. 몸과 마음
을 하나로 보는 한의학적 연구가 더욱 활발하게 이루어진다
면 양의학에서는 해결할 수 없는 부분을 해결할 수 있게 될

것이다.

날마다 한의사로 일할 수 있음에 감사함을 느낀다. 처음엔 나를 둘러싼 환경적인 요인 때문에 한 선택이지만, 지금은 내가 가는 길보다 더 좋은 길이 있을까 싶을 정도로 감사하다. 어쩌면 한의사가 된 것은 내 운명일 수도 있다. 한편으로는 이런 운명에 대한 책임감과 사명감이 든다. 평생을 공부해도 한의학을 다 깨닫지는 못하겠지만 내가 사람과 생명을 보는 깊이가 깊어질수록 더 많은 분들을 한의학적으로 잘 도와드릴 수 있을 것이다.

병이 드는 것은 여러 가지 요인이 있다. 타고나는 것도 있고 나쁜 것을 먹거나 접촉해서 생기는 것도 있다. 나이가 들면서 생기는 병도 있고 습관에 의해서 생기는 병도 있다. 자신의 성격 때문에 생기는 병도 있다. 또한 체질에 따라 병이 발전하는 속도와 방향, 병이 낫는 양상도 차이가 난다. 따라서 병 자체를 본다기보다는 사람을 이해하고 사람을 바라보았을 때 온전한 치료가 이루어질 수 있다. 한의사로서 치료를 잘하기 위해서는 사람에 대한 이해가 먼저 필요하다고 생각한다. 그런면에서 볼 때 인문학 공부를 한 것들과 인간에 대해서 고민했던 부분들이 상담을 할 때나 치료를 할 때 크게 도움이 된다.

사상체질의학을 만드신 이제마 선생님이 이런 부분에 대해서 연구하신 분이다. 사상체질의학이라는 것은 사람이 타고난 체질에 따라서 진단과 치료를 하는 한국에서 생겨난 독특한 관점의 의학이다. 이제마 선생님은 사람이 병드는 것은 타고난 것도 있지만 사람의 성격적인 부분이나 성향, 기호가 몸에 영향을 미친다는 점을 연구하였다. 이것을 다 고려하여서 체질로 사람을 나눈 뒤 진단, 치료, 예방 지도를 한 것이 사상체질의학이다. 한의학이라는 학문 안에는 체질이라고 이름이 붙여져 있지는 않았지만 사람과 병을 바라보는 이런 관점들이 저변에 흐르고 있었다. 그것을 학자였던 이제마 선생님이 더 깊이 연구하여 사상체질의학을 만든 것이다. 사람을 이해하는 학문, 병이 아닌 사람 중심의 의학이라는 것이 한의학의 또 다른 특징이자 장점이라 생각한다.

한의대 시절, 침 치료로 마약과 중독 치료를 연구하시는 양
재하 교수님의 배려로 방학 때 실험실에서 실습과 견학을 할
수 있었다. 당시 현대의학과 한의학을 어떻게 접목시킬까 하
는 고민을 하면서 연구원으로 진로를 바꾸어볼까 하는 생각
도 있었다.

침 치료의 목적은 기의 흐름을 조절하고 몸의 균형을 맞추
어 본래 몸이 가지고 있는 자생력을 회복시키는 것이다. 임상
적인 결과는 수천 년에 걸쳐서 입증이 된 것이고 지금도 한의
원에서 치료하는 방향이다. 실제로 이런 것을 과학적으로, 수
치적으로 어떻게 나타내는가 하는 문제가 한의학이 현대 과학

안에서 가지고 있는 문제이다.

실험실에서 견학하고 실습했던 실험이 그 방법 중 하나를 제시하고 있었다. 실험의 목표는 마약에 중독된 쥐가 마약 금단 현상을 겪을 때 침 치료를 통해서 금단 현상을 줄이는 것이었다. 쥐의 뇌에 기계 장치를 설치하고 호르몬 수준을 시시각각 관찰했다.

마약을 하게 되면 몸에서 도파민 같은 기분을 좋게 하는 호르몬이 많이 분비가 된다. 호르몬이 분비되면 세포들은 호르몬을 받아들이기 위해 리셉터라는 수용기를 많이 만들게 되는데 호르몬이 많아진 만큼 리셉터가 많이 만들어진다. 그렇기 때문에 중독자의 경우 리셉터가 많이 만들어져 있다. 이때 갑자기 마약을 중단하게 되면 정상적으로 호르몬이 분비되더라도 여분으로 많이 만들어져 있는 리셉터에 호르몬이 충분히 도달하지 않게 된다. 그럴 경우 몸은 쾌락 호르몬이 부족한 것으로 인식한다. 그래서 마약에 중독되는 것이고 마약을 중단했을 때 괴로운 금단 증상이 나타나는 것이다.

쥐를 통한 실험은 놀라웠다. 침 치료를 하면 마약이 공급되는 도중에도 호르몬 수치가 급격하게 올라가지 않았다. 마찬가지로 마약을 끊었을 때도 호르몬 수치가 일정 수준 유지되었다. 침 치료는 호르몬을 올리는 것도 내리는 것도 아닌 적절한 수준으로 유지시키는 것이라는 것을 증명한 것이다. 침 치료의 효능이 일부 증명이 되는 실험이었다.

우리 몸은 항상 균형이 중요하다. 너무 많은 것도 문제가 되고 너무 적은 것도 문제가 된다. 적절한 수준을 유지하면서 균형을 맞추는 것이 중요하다. 그런 의미에서 한의학은 우리 몸에서 가장 중요한 균형을 맞춰 주는 것에 특화된 의학이라고 할 수 있다.

한의원에서 만나는 대부분의 환자들은 연세가 많은 할아 버지, 할머니들이다. "어디가 안 좋으세요?" 하고 여쭈어보 면 "다 아파. 허리도 아프고 어깨도 아프고 팔도 아프고 무 릎도 쑤셔.", "얼른 죽었으면 좋겠어. 아파서."와 같은 말씀 을 하신다.

사람의 생존 수명은 늘어났는데 건강 수명은 그에 미치지 못한다. 다시 말하면 오래는 사는데 건강하지 않은 채 오래 산다는 것이다. 이런 상황에서 장수가 과연 축복이라 할 수 있을까? 그리스 신화 티토노스의 일화가 떠오른다.

그리스 신화에 등장하는 새벽의 여신 에오스는 죽음의 한계를 가진 인간인 티토노스와 사랑에 빠졌다. 에오스는 불사의 존재인 완벽한 육체를 가졌지만, 티토노스는 언젠가는 죽음을 맞이해야 하는 존재였다. 에오스는 모든 신의 아버지인 제우스를 찾아가 티토노스에게 영생을 달라고 간청했다. 제우스는 소원을 들어줬다. 하지만 에오스는 1가지 실수를 범했다. '영원한 삶'과 함께 '영원한 젊음'도 달라는 부탁을 하지 않은 것이었다. 티토노스는 죽지 않았지만 그의 육체는 세월과 함께 늙어 갔다. 몸과 마음이 완전히 소진되어 가는데도 그는 죽을 수가 없었다. 젊음이 빠진 영원한 생명. 결국 티토노스는 죽음을 간청한다.

지금 우리가 맞이하고 있는 문제도 이와 다르지 않다. 매일 침을 맞으면서 통증을 견뎌나가는 어르신들을 볼 때마다 노화에 대해서 생각해 보게 된다. 노화에 대한 많은 이론들이 있다. 텔로미어, 활성산소, 면역 저하, 유전 등이 노화에 영향을 미친다는 것이다. 노화에 영향을 미치는 것들을 제거하거나 조절하면 노화를 정복할 수 있다고 생각하는 사람들이 있다. 노화가 단일 현상이라면 정복이 가능할 수 있지만 노화는 단일한 현상이 아니다. 여러 체계의 전반적인 부진이다. 한의학에서는 오래전부터 이런 개념이 있었는데 최근 노화에 대한 연구 결과가 이와 비슷한 관점을 가지고 있어서 간단하게 소개하고자 한다.

2014년 미국 스탠포드대학교의 와이스 코레이Wyss-Coray 교수와 연구팀은 '병체결합Parabiosis'이라는 방법을 통해 젊은 쥐와 늙은 쥐의 혈관을 하나로 연결하였다. 이 결과 늙은 쥐의 뇌가 젊어지는 현상을 발견하였다. 젊은 쥐의 혈액에 젊음의 샘을 유지하는 비밀의 물질이 있다는 걸 다시 한 번 확인해 준 것이다. 즉, 젊은 쥐의 피에 있는 '젊음 인자'가 늙은 쥐를 젊게 하고, 늙은 쥐에 있는 '늙음 인자'가 젊은 피를 늙게 한다는 것이다. 이것은 노화를 1가지 장기의 질환이 아닌 인체 전반의 시스템의 변화라고 생각하는 관점에서 접근한 것이다. 노화는 우리 몸 전체 환경을 변화시키는 변화이다.

실제 하버드대학교팀도 늙은 쥐는 피 속에 염증을 일으키는 인자들이 많아진다는 것을 발견하였다. 늙은 쥐와 젊은 쥐를 병체결합하였을 때 늙은 쥐의 심장과 신장, 폐, 장기들이 좋아지고 염증이 감소되고 상처가 빨리 회복되는 것을 발견하였다. 몇 가지 요소의 문제로 노화를 바라보던 관점과는 상당한 차이가 있는 것이다.

놀라운 것은 이런 개념이 한의학에는 이미 있었다는 점이다. '젊음 인자'를 '정情'이라고 표현하면서 정을 잘 보존하는 것이 젊고 건강하게 사는 것이라고 하였다. 특히 이 정을 주관하는 장기를 '신腎(콩팥)'이라고 하였다. 노화의 증상이 '신허腎虛'의 증상과 비슷하다.

한의학의 오장육부는 이른바 해부의학적인 장기를 가리키는 게 아니라 기능을 표현하는 것으로, 신 역시 단순한 콩팥과는 다르다. 한의학에서는 옛날부터 호흡기계의 기능에는 폐, 순환기계·대뇌 중추계의 기능에는 심心 등과 같이 이름을 붙였다. 이후 해부가 이루어지면서, 지금까지 쓰인 기능의 이름을 장기에 적용시켜 쓰게 되었다. 한의학에서 신의 작용은 수분을 조절하는 등 양의학에서의 신장 작용과 겹치는 점도 있지만, 그 이외에 비뇨·생식기계 전반, 성호르몬의 작용도 포함되어 있다. 또한 신의 작용으로 '주선천지기主先天之気'라는 것이 있다. '선천지기先天之気'란 갖고 태어난 기気이며, 생명의 바탕, 에너지 그 자체이다. 이와 함께 '후천지기後天之気'가 있다. 이는 식사나 호흡에 의해 후천적으로 받아들이는 에너지이다. 신은 선천지기의 근원이며, 성장·발달·연령 증가의 중추가 되는 장부이다. 이 신의 작용이 쇠약해지는 것이 노화, 즉 에이징Aging이 되며 "에이징은 신허이다."라 해도 과언이 아니다. 신허 증상에는 탈모, 피부 기운 저하, 생식능력 저하, 시력 저하, 청력 저하 등이 포함된다. 또한 뼈·골수도 신의 작용으로, 신이 쇠약해지면 빈혈에 걸리거나 관절과 뼈 질환으로 이어지거나 한다. 생명 유지능력을 맡는 것이 신이며, 그 쇠약함을 신허라고 할 수 있다.

한의학 고전에는 신허에 대한 치료가 있다. ≪금궤요략金匱要略≫의 혈비허로 편血痺虛勞篇에 허로虛勞 요통 치료로 "아랫배가 당기면서 아프고 소변이 잘 안 나오는 사람은 팔미환으로 치료한다少腹拘急, 小便不利者 八味丸主之."라고 되어 있다. 요통은 신허 증상 중 1가지이며, 허로라는 것은 근감소증이나 노쇠함 또는 허약함Frailty을 가리키는 것이라 해도 될 것 같다. 팔미환八味丸은 팔미지황환八味地黃丸과 동일한 것으로, 허로의 대표적 처방이다. 소변 배출이 불량한 상태도 신허 증상 중 하나인데, 그러한 분에게 팔미환을 쓰면 좋다고 알려져 있다.

또한 노화에 따른 면역력 저하에 대표적인 처방 중에 공진단拱辰丹과 경옥고瓊玉膏가 있다.

공진단은 중국 원나라 때 위역림이 쓴 의서에서 비롯되었는데, 그가 황제에게 바친 약이 바로 공진단이다. 《동의보감》

에 보면 신수를 오르게 하고 심화를 내리게 하여 허약체질을 타고난 사람이라도 공진단을 복용하면 하늘의 기운을 받은 굳건한 체질로 바뀌어 만병이 물러간다고 되어 있다.

신수를 오르게 하고 심화를 내린다는 것은 '수승화강'이라는 개념으로 설명할 수 있는데 찬 물 기운이 위로 올라가고 뜨거운 불 기운이 아래로 내려와서 상하 순환을 시켜 몸의 기의 순환을 정상적으로 만든다는 것이다. 기의 흐름이 정상적으로 이루어지면 현대의학적으로 면역력이 증가되어 병이 잘 걸리지 않는다. 노화가 되면서 열은 머리로 몰리고 다리는 차가워지는 쪽으로 기의 흐름이 변한다. 이것을 바꾸어 놓는 것이 공진단의 역할이다.

참고로 공진단은 사향, 녹용소구, 당귀, 산수유를 배합한 것이며, 사향은 워낙 귀하고 가격이 비싸 지금은 사향을 대신할 수 있는 침향을 사용한다. 사향을 사용할 때는 공진단이라고 부르지만, 침향을 사용할 때는 공진단이라는 이름을 사용할 수 없다. 침향 역시 머리부터 발끝까지 기를 통하게 하는 명약 중 하나다.

경옥고는 《동의보감》에 소개된 무병장수를 위한 한약의 일종이다. 이 처방은 중국의 《의학입문》에서 첫 기록을 살펴볼 수 있으며, 우리나라에서는 《동의보감》, 《제중신편》, 《방약합편》 등에 기록되어 있다. 중년 이후 복용은 건강을 지키는 데 의미가 있다고 하겠다.

우리의 선인들은 양생법養生法의 하나로 생명 연장과 장수할 수 있고 무병할 수 있는 처방을 끊임없이 추적하였으며, 그중에서 가장 고귀한 약재로 만들어지는 경옥고를 활용하였다. 특히 정이 허한 것을 충전시켜 주며 아울러 뇌척수·골수를 보하여 주고, 음기와 양기의 이론적 모체를 조절하고 타고난 성性을 길러주며, 장복하면 젊어지며 백손百損을 보하고 백병을 없애 준다고 기록되어 있다.

《동의보감》에는 경옥고의 효험을 과장하여 27년을 먹으면 360세를 살고, 64년을 장복하면 500세를 살 수 있다고 하였다. 예로부터 경옥고는 우리나라에서 매우 귀중한 약으로 알려져 있었고, 지금도 많이 이용되는 처방이다. 기억력이 떨어진다던지 뼈가 약해지는 증상, 빨리 머리가 하얗게 세는 증상에 좋다.

한의학에서는 양생과 마음가짐 또한 정을 지켜서 건강한 몸으로 장수하는 방법으로 제시하였다. 때에 맞추어서 자는 것, 좋은 음식을 먹는 것, 계절에 맞추어 생활하는 것을 중요하게 여겼다. 마음가짐도 중요하게 생각하였는데 너무 기뻐하는 것도, 너무 노하는 것도, 너무 슬퍼하는 것도 다 병이 된다고 하였다. 스트레스가 병을 일으키고 몸을 해치고 정을 고갈시켜 노화를 촉진시킨다고 하였다.

같은 나이지만 몸을 어떻게 관리하느냐에 따라 건강은 천차만별이다. 안타까운 것은 이미 한의학에는 건강하게 천수를 누리는 방법들이 제시되어 있는데도 불구하고 많이 알려져 있지 않다는 것이다.

한의학의 강점은 몸과 마음을 하나로 보는 심신의학이라는 것, 사람 개개인에 맞추어서 치료가 가능한 체질의학이라는 것, 자연과 인간을 하나로 보고 자연 안에서 사람의 생명을 다루었다는 것, 노화를 사람의 일생에 자연스러운 부분으로 받아들이고 관리하는 방법을 제시했다는 것이라고 생각한다.

노화를 피할 수 없고 전신이 다 아픈 것, 죽음을 향해 가는 과정이라고 생각하는 것에서 벗어나야 한다. 노화 과정을 적극적으로 관리하고 가능한 젊고 건강하게 오래 사는 것으로 초점을 맞추어야 한다. 이것이 앞으로 한의학이 해야 할 과제라고 생각한다.

본과 3~4학년 때부터 방학이 되면 선배들의 한의원에 견
학을 다녔었다. 실제로 어떤 환자가 한의원에 오고, 어떻게
치료가 진행되는지를 옆에서 보면서 많이 배웠다. 양의학보
다는 증상이 가벼운 환자들이 올 것 같았는데 막상 실제로 보
니 위중한 환자들도 많았다. 특히 양의학에서 치료했는데 안
낫는 경우, 검사 결과상 이상이 없는데 환자는 아프다고 하는
경우, 왜 아픈지 병명을 알 수 없는 경우 등이 종종 있었다.
　환자들 중에는 다른 치료를 받고 오는 경우도 있기 때문에
한의사는 한의학뿐만 아니라 양의학에 대한 공부도 끊임없이
해야 한다. 특히 양의학 치료 후 반응, 체질마다 나타날 수 있

는 반응들에 대한 연구, 약을 처방할 때 다른 치료사항들에
대한 고려 등을 해야 한다. 공부가 끝이 없다는 선배들의 말
이 맞았다. 그 자체로 보면 힘들지만 이 길을 선택한 이상 당
연히 해야 하는 것이다. 당장 내 앞에 있는 환자에게 조금이
라도 더 도움이 되려면 끊임없이 노력해야 했다.

견학 중 만난 환자들 가운데에는 안타까운 환자들도 있었
다. 한 여자 환자는 머리카락이 하나도 없는 대머리였다. 교
수였던 그 분은 항상 머리에 두건을 쓰고 오셨다. 나중에 자
초지종을 들어보니 기가 막혔다. 머리가 자꾸 빠지고 염증이
생기고 가려워서 스테로이드제를 발랐다고 하였다. 처음에는
상태가 좋아졌지만 6개월간 계속 바른 결과 대머리가 된 것이
다. 약물의 오남용이 심각하다는 생각과 약물 부작용에 대한
교육이 시급하다는 생각을 하였다.
다른 한의원에서 치료를 받다가 오시는 경우도 있었다. 이
런 경우 병증에 대해 이전 한의원과 차이를 가지고 설명을 하
면 의아하게 생각하실 때가 많았다. 한의학 내에서도 사람을
보는 관점이 다양하다. 사상체질로 보는 관점, 형상으로 보
는 관점, 기혈수 이론으로 파악하는 관점 등 여러 가지가 있
다. 처음 한의학을 배울 때는 관점이 고정되어 있지 않아서

어떤 것을 맞다고 해야 하는 건가 하는 의문이 많이 들었다.

한의학은 귀에 걸면 귀걸이, 코에 걸면 코걸이 식의 학문인 건지 고민도 많았다. 나중에 공부를 더 하면서 점점 깨달은 사실은 한의학 자체가 고정된 학문이 아니라는 것이다. 하나의 틀을 정해 놓고 그 틀 안에서만 관찰하고 파고드는 서양학문과는 달리 있는 그대로 인체를 관찰하고 치료하기 때문에 방향이 다를 수 있는 것이다.

예를 들면 네 발 달리고 등받이가 있는 모습이 의자라고 정의하고 관찰한다면 네 발 달린 등받이 있는 의자에 대해서는 자세히 알 수 있다. 하지만 의자는 세 발 달린 의자도 있고, 바퀴가 달린 의자도 있으며, 등받이가 없는 의자도 있을 수 있다. 이와 같이 인체를 볼 때도 어떤 것으로 정해서 본다면 세밀하고 정확하게 관찰하고 설명할 수는 있지만 그 이외의 것은 놓치게 된다. 인간의 생명 현상은 더욱이 밝혀진 것보다 밝혀지지 않은 것이 더 많다. 밝혀진 병보다 못 밝혀낸 병들이 훨씬 많다. 병명을 알아냈다고 하더라도 치료법을 알 수 없는 경우도 많고 그 원인을 모르는 경우도 태반이다.

코끼리의 앞모습과 옆모습이 다르듯, 그리고 앞모습만 코끼리라고 할 수 없고 옆모습만 코끼리라고 할 수 없듯이 한의학과 양의학도 인체를 보는 관점이 다른 것이지 맞고 틀림의 문제가 아니다. 오히려 현대의학이 보지 못하는 또 다른 관점을 제시한다는 점에서 인체의 생리와 병리에 대해서 더 잘 알 수 있을 것이라고 생각한다.

한의학의 큰 장점 중 하나는 기능 중심 의학이라는 것이다. 눈에 아직 보이지 않는 것들과 감정적인 것으로 인한 기의 흐름의 변화를 파악하고 침과 약과 뜸으로 치료를 한다. 수련을 하고 여러 한의원에서 부원장으로 경험을 쌓으면서 실제로 심신 질환 케이스를 많이 보았다. 소아환자들을 보는 병원에도 몇 번 있었는데, 아이들은 몸이 빨리 변하고 면역체계가 미성숙하기 때문에 자주 아프고 빨리 낫는다. 예를 들어 경기를 하거나 소리를 내는 것과 같은 틱을 가진 아이들은 머리 부분을 안정시켜 주면 빨리 호전이 된다. 부모님과 아이가 모두 틱 장애를 가진 경우도 있는데, 확실히 아이들이 더 빨리 낫는다. 굳이 신경정신과 약을 쓰지 않더라도 침만으로 안정되는 경우도 많고 심한 경우 한약을 쓰면 효과를 더 빨리 볼 수 있다.

교통사고 입원실이 있는 한의원에서 진료를 할 때 탈북 여성을 치료한 적이 있다. 34세인 그녀는 18세인 아들과 같이 입원했었다. 하루에 2번씩 침을 놔드리면서 통증의 호전이 있는지 물어보았는데 "어딘지 모르게 좋아진다."라고만 말씀을 하셔서 그런가 보다 하였다. 나중에 퇴원할 때 말씀하시기를 10년 넘은 질염이 있었는데 침을 2번 정도 맞고 나서 질염이 없어졌다고 하였다. 정말 신기하다고 하면서 침의 효과를 극찬하였다.

한방 치료는 침이나 약을 통해서 스스로가 몸을 회복하는 과정이다. 몸의 기가 원래 흘러야 할 기운의 방향대로 흐르면 스스로 치료하는 힘이 우리 몸에 생긴다. 한의학은 침과 약으로 그 힘을 북돋아 주는 것이다. 물론 독이나 담, 어혈 같은 찌꺼기는 없애 주는 방향으로 치료를 해야 하지만 궁극적으로는 몸이 스스로 건강한 상태로 회복하도록 돕는 것이 한의학의 큰 장점이다. 몸이 회복되면 한 부분만 회복을 하는 것이 아니기 때문에 침 치료와 약 치료를 받으면 이렇게 고질병이 낫기도 하고 고혈압이 있던 사람이 혈압이 낮아지기도 한다.

부작용이 없고 다시 원래대로 돌아가지도 않으면서 몸 전체가 건강해지는 한방 치료는 정말 알수록 신비하고 대단하다는 생각을 한다. 위대한 우리 민족 고유의 한의학이 좀 더 잘 알려져서 많은 환자들에게 큰 도움이 되었으면 좋겠다.

환자들을 대하다 보면 몸뿐만 아니라 마음이 아픈 분들도 만나게 된다. 진료를 하였던 한 환자는 전신이 다 아프고 잠도 잘 못자며 식사를 해도 소화가 안 된다고 하였다. 또 온몸이 너무 무겁고 머리도 아프며 잘 때 땀을 너무 많이 흘린다고도 하였다. 몸 상태에 대해서 진단한 후 언제부터 이런 증상이 시작되었는지 최근에 무슨 일이 있었는지 물어보았다.

최근 6개월 사이에 아내와 아버지가 돌아가셨다고 하였다. 50대 중후반쯤 되신 환자였는데 마음이 너무 안 좋았다. 사는 것에 회의가 들고 술을 마시지 않으면 견딜 수 없다고 하였다. 자녀들은 군대에 있거나 독립해서 혼자 있는 시간이 많았다.

마음으로 인해서 몸에 병이 든 경우였으므로 마음의 우울감을 덜고 안정시키는 한약과 함께 몸이 회복되는 한약을 같이 써야 했다. 뜸 치료로 깨진 면역체계를 바로 잡고 침으로 기를 안정시키는 치료가 필요하였다. 한약과 침, 뜸 치료를 하기로 하고 한 달 반 정도 꾸준하게 오실 것을 말씀드렸다. 처음에는 크게 변화가 없었으나 점점 밤에 잘 때 땀을 안 흘리게 되고 도중에 깨지 않고 잘 수 있다고 하였다. 처음에 내원하였을 때 호소하였던 증상이 거의 다 좋아졌다. 한의학 치료의 장점이 두드러지게 나타난 경우였다. 몸과 마음의 치료를 같이 한 것이다. 한의사가 되어서 참 감사할 때가 많은데 이런 경우 더 그렇다.

고서에는 탈영실정이라는 병이 있다. 귀하게 살고 부자로 살다가 천해지고 가난해지면 생기는 병이다. 선조들은 마음으로부터 생기는 병도 있다는 것을 이미 알고 있었던 것이다. 현대인의 스트레스 질환, 공황장애, 우울증들도 한의학으로 접근하면 부작용 없이 효과적으로 치료가 가능하다. 몸과 마음을 하나로 보고 치료한 한의학적인 관점이 가지는 큰 장점이다.

한방 치료를 마지막 수단으로 생각하고 한의원을 방문하는 경우도 있다. 충청도에서 오신 40대 초반 정도의 환자였는데 극심한 생리통으로 평생 고통을 받았다고 하였다. 10일 정도 생리를 하는데 생리를 시작하기 3~4일 정도 전부터 통증이 있다가 생리가 시작되면 너무 아파서 일상생활이 불가능하다고 하였다. 먹는 진통제는 더 이상 효과가 없어서 주사를 맞으면서 버틴다고 하였다. 여기서도 치료가 안 되면 자궁을 드러내겠다고 하였다. 너무 부담스러웠지만 최선을 다하기로 하고 치료를 하였다. 침 치료와 뜸 치료, 약 치료를 병행하면서 경과를 지켜보았다. 꾸준히 3달 정도 치료를 진행하였다. 치료를 시작한지 2달 정도 지났을 때 환자가 베드에서 활짝 웃으면서 내 손을 잡았다. 생리를 시작하였는데 첫날과 둘째 날만 조금 아프더니 괜찮아서 주사를 안 맞고 견디고 있다는 것이었다. 치료가 마무리될 때쯤은 거의 다 좋아졌다.

내가 오른쪽 윗배 때문에 수술을 고려하였던 것처럼 그 환자도 너무 아파서 절박한 심정이었을 것이다. 그런 고질병을 한방 치료로 고친 것이다. 참 감사한 일이었다.

한의사가 되어서 가족들의 건강을 챙길 수 있다는 것도 감사한 일 중 하나이다.

어머니에게는 머리를 흔드는 체머리 증상이 있었다. 20년 정도 된 질환인데 스트레스를 받거나 집중할 때, 피곤할 때 자신도 모르게 머리를 흔드는 것이다. 본인은 의식하지 못하고 하는 행동이지만, 심할 때는 주변 사람들이 모두 눈치를 챈다. 고혈압과 고지혈증약도 복용하고 있었고 머리에 스멀스멀한 느낌도 있었다. 전반적으로 혈액이 탁하고 머리로 가는 혈액순환이 안 되서 자신도 모르는 사이에 머리를 흔드는 것이었다. 양의학에서는 중풍이 올 확률이 높고 체머리는 불치병이라고 말을 해서 어머니는 충격을 받은 상태였다.

내가 한의사가 된 뒤, 어머니에게 2년 정도 꾸준히 목뒤와 머리 뒷부분, 어깨를 사혈하고 침 치료를 진행하였다. 약도 1년에 2번 정도씩 꾸준히 드셨다. 사혈을 하면 검은 덩어리진 피들이 많이 나왔다. 혈액순환을 막고 있는 어혈 덩어리였다. 2년 정도 치료를 진행하자 어머니는 더 이상 머리를 흔들지 않게 되었다. 요즘도 일주일에 1번은 예방 차원에서 침을 맞는다. 한의사가 되는 것을 반대하셨던 부모님도 지금은 참 좋아하신다.

1. 항강증

한의학에서는 목과 어깨가 아픈 통증을 '항강증'이라고 표현합니다. 목이 뻣뻣하게 경직되고 목과 어깨가 이어지는 부분이 딱딱해집니다. 이 부분은 견정 혈(한의학적 혈 자리)이라고 하는 부위입니다. 해부학적으로 보면 폐의 가장 끝단이 위치한 곳으로 실제로 스트레스를 많이 받으면 유독한 가스들이 그곳에 모인다고 합니다. 스트레스를 많이 받는 직장인의 경우 견정 혈 부분이 항상 긴장되고 딱딱해져 있습니다.

이 경우 뇌혈관질환(고혈압 중풍)에 걸릴 확률이 높아집니다. 뇌로 가는 혈관의 경우 목에서 머리로 가는 혈관은 굵지만 뇌로 들어가면서 혈관의 직경은 가늘어집니다. 그런데 어깨 근육이 뭉친 경우는 마치 고무호스를 꽉 죄어서 물의 흐름을 갑자기 세게 만드는 것과 같은 역할을 합니다. 따라서 뇌로 가는 혈류 흐름에 장애가 생길 수 있습니다

견갑골과 목 부분, 어깨 부분을 다 지칭하여 명반이라 부릅니다. 목숨命과 밥상머리盤을 써서 목숨을 지탱하는 기둥으로 봅니다. 스트레스를 많이 받거나 화가 치밀어 오르면 기가 위로 올라갑니다. 이 경우 명반 부위가 딱딱해지고 심한 경우 돌덩이 같습니다. 이런 환자들은 대개 고혈압을 가지고 있으신 경우가 많습니다. 이런 증상은 지속적인 침 치료로 호전이 됩니다. 침 치료로 혈압이 낮아지고 어깨와 목의 경직이 풀어진 많은 임상 사례가 있습니다.

현대인들은 앉아서 생활하고 스트레스를 많이 받기 때문에 대부분 항강증이 있으십니다. 너무 답답하고 뻐근해서 마사지를 받으시기도 하는데 일시적일 뿐 근본적인 기의 흐름을 바꾸는 침 치료를 하지 않으면 그런 현상은 지속되거나 심화됩니다.

2. 여성 질환 – 갱년기

1) 갱년기 구분

여성인구의 30% 이상이 갱년기 여성이며 그 비율은 계속 증가하고 있습니다. 삶의 전환기라는 보편성에도 불구하고 이 시기에 대한 중요성은 최근에서야 대두되고 있습니다. 갱년기의 시기에 따른 구분과 한의학적인 치료를 말씀드리고자 합니다. 갱년기란 폐경 전과 폐경기 동안 그리고 폐경 이후 일정 기간을 포함합니다.

폐경기를 맞이하는 각 개인의 반응은 차이가 있으며 이러한 중년기 관리도 개인적인 차이를 고려해두고 이루어져야 합니다. 폐경은 난소 기능 정지 후 일어나는 월경의 영구적인 정지를 의미하며 그 이전 수년과 이후 수년간이 더욱 의미가 있습니다.

폐경 전 호르몬 변화와 뚜렷한 증상은 일률적이지 않을 수 있으며 대개 40대 중후반에 점진적 혹은 갑자기 시작됩니다. 폐경기 변화와 함께 시작되는 증상들은 대부분 폐경기 이후로 이어집니다.

폐경이행기
폐경 전 기간은 난소의 정상 기능 변화로 인한 다양한 신체적·정신적 변화가 특징입니다. 폐경기 증상의 조기 발견과 적절한 진단과 그에 근거한 임상적 대처는 이 기간의 영향을 최소화 할 수 있습니다.

폐경이행기는 40대 중반에서 후반 사이에 아주 미세한 증상을 나타내며 점차적으로 시작됩니다. 이러한 증상은 환자와 의사 모두에 의해 무시되거나 간과되는 경우도 있고 스트레스로 인한 증상과 에스트로겐 감소로 인한 증상이 구분되기 어려운 경우도 있습니다.

이 시기에 가장 뚜렷한 증상은 생리불순입니다. 비정상적 출혈은 자궁 적출술을 시술 받는 가장 흔한 원인인데 무조건 수술하기보다 정말 병적인 것인지 호르몬 수치의 변화 때문인지를 살펴보아야 합니다.

폐경
폐경은 난소 기능의 감퇴로 인한 생리의 중단을 말하며 평균 51세에 일어납니다. 폐경연령은 유전적 요인입니다. 안면홍조와 같은 폐경기의 급격한 증상은 에스트로겐이 급격히 떨어질 수 있는 폐경기에 접어들어서 가장 강하게 나타납니다.

폐경기 후기
폐경기 이후는 여성 평균 수명의 1/3 이상을 차지하며 난소의 기능이 정지된 상태입니다.

호르몬 보충 요법으로 폐경기 이후 여성들은 건강 관리를 합니다. 장기간의 에스트로겐 결핍은 갑상선이나 부신호르몬 결핍과 유사하고 골다공증 증상도 일으키기 때문입니다 하지만 무분별한 호르몬 요법은 큰 부작용을 낳기 때문에 주의하셔야 합니다.

폐경을 생리적인 노화에서 점차적으로 진행되는 난소 부전에 의한 내분비질환으로 보고 시도되었던 호르몬 요법은 60년의 역사를 가집니다. 초기 에스트로겐 단독 요법은 폐경 증상 완화, 골다공증, 삶의 질 향상, 노화 지연, 심혈관계 예방 등 여러 효과가 부각되어 1970년대 중반에 절정에 이릅니다. 하지만 1980년대에 에스트로겐 단독 요법이 자궁내막암을 증가시킨다는 사실이 알려졌습니다. 이후 프로게스테론과 병행하는 요법으로 바뀌었는데 유방암, 관상동맥질환, 뇌졸중이 발생할 확률이 높아졌고 특히 요실금을 유발시키거나 심화시키는 것으로 나타났습니다. 이와 같은 결과에 따라 미국 식약청에서는 열성홍조와 생식기 위축 증상에만 최소용량 최단기간 사용할 것을 권하고 있습니다.

2) 갱년기 증상
폐경에 대한 여성들의 반응은 생활 방식 및 노화되는 양상에 따라 다양합니다. 생식능력의 상실과 생리의 소실로 생기는 다양

한 스트레스를 덜어 주면서 정신적으로도 도움을 주어야 합니다

우울증

우울증은 가장 흔히 볼 수 있으며 병원을 찾는 여성의 20% 이상에서 동반됩니다. 이 시기 발생하는 자녀관계, 결혼 생활 및 기타 생활 변화와도 연관이 깊습니다.

불안증과 성냄

폐경기 무렵에는 특히 불안하거나 쉽게 화를 잘 내는 경향이 있습니다. 그래서 이 시기에 뚜렷이 나타나는 증세를 갱년기 증후군이라고 합니다. 이 시기에 명확한 정신과적 질환의 빈도가 증가하지는 않지만 이런 증세가 보다 더 뚜렷이 나타나는 경향이 있습니다. 많은 연구에서는 이러한 증세가 에스트로겐 부족과 관계없거나 호르몬 요법으로 치료할 수 없다고 봅니다. 폐경 무렵 집중되는 이러한 증세들은 주의 깊은 관심을 요하고 심리 요법도 중요할 것으로 생각됩니다.

성욕 감퇴

자연적인 폐경이나 외과적인 수술로 인한 폐경 후 성욕 감퇴는 중요한 관심사입니다.

질의 위축은 성적 만족감을 감소시키는 것으로 생각됩니다. 에스트로겐을 복용하지 않는 부인의 1/3 정도가 질 위축을 경험합니다. 노년기로 이행되는 과정에서 신체의 변화는 여성으로서 생식 능력 상실 젊음의 상실과 같은 상실감을 가져다주므로 가족과 주변에서 갱년기 여성들에 대한 각별한 관심과 배려가 필요합니다.

여러 가지 환경적인 요인이나 개인의 소인으로 인해서 폐경 시기가 안 되었는데 빨리 폐경이 되는 경우가 있습니다. 난소기능의 소실은 대개 수년에 걸쳐 서서히 발생하며 결국 폐경에 이르게 됩니다. 일부 여성은 난소기능의 소실이 자연적으로 또는 화학 요법 및 수술에 의해 예상보다 빨리 초래되기도 합니다.

조기 폐경은 40세 이전에 폐경이 초래되는 경우로 정의합니다. 조기 폐경 시에 흔히 수반되는 다른 호르몬 이상도 염두해 두어야 합니다.

통계에 의하면 자궁 적출 수술을 시행하는 경우 약 40% 정도가 양측 난소를 제거하게 됩니다. 이러한 환자는 자연 폐경 환자보다 나이가 젊고 증상이 급격하게 초래되므로 특별한 문제를 야기시킬 수 있습니다. 안면홍조가 가장 뚜렷한 증세로 나타나며 몇 달 후 질 위축 증상이 찾아옵니다. 수술로 인한 조기 폐경은 자연 폐경보다 골다공증 및 심혈관계 질환의 발생 빈도가 높은 것으로 보고 있습니다. 이를 치료하기 위해 호르몬 대체 요법을 시행하기도 하는데 장기간의 호르몬 치료는 다른 위험에도 노출될 수 있기 때문에 최소한의 기간 동안 사용하는 것이 바람직합니다.

3) 갱년기의 한방 치료

한의학에서는 갱년기 증상을 원인에 따라 분류하여 개인별로 치료하고 있습니다. 한의학의 고전인 《황제내경》에서는 49세를 전후하여 폐경이 된다고 하였고, 신음허형, 신양허형, 신음양허형, 심신불교형, 간울형으로 나누어 설명합니다.

신음허형

상열감이 있고 땀이 나며 기억력 감퇴가 있습니다. 피부가 가렵고 벌레가 기어 가는 듯하고 변비가 있을 수 있습니다. 이 경우 음을 보충하는 한약을 위주로 치료합니다. 음이란 신체를 이루는 물질적인 것의 전반을 의미하며 신음허형의 경우 건조한 것을 보충하는 것이 중요하므로 이에 맞는 한약 처방이 이루어져야 합니다.

신양허형

손발과 몸이 차며 부종이 잘 생기고 대변이 무르게 나오며 소변을 자주 보면서 요실금 증상이 있습니다. 이 경우는 인체의 양기가 떨어진 것으로 뜸 치료를 우선으로 합니다. 몸에 열기를 넣어 양기를 회복시키고 이후 침 치료를 병행합니다. 부종이 심하거나 어지러움증이 있다면 한약 치료도 함께 합니다

신음양허형

눈과 머리가 어지럽고 귀가 울리며 허리가 시리고 힘이 없으며 손발이 찹니다. 땀이 나고 상열감이 있습니다. 이 경우는 전반적인 체력 고갈로 몸을 보하는 한약을 우선으로 처방하며 침 치료를 병행합니다. 평소에 과로를 하는 등 몸을 손상시켜 노화 증상이 더 빨리 온 것으로 보고 몸을 회복시키는데 중점을 둡니다.

심신불교형

가슴이 뛰고 잘 놀라며 가슴이 번조롭고 잠이 적어지며 꿈이 많아집니다. 이 경우는 기의 순환이 원활 하지 않은 것으로 침 치료를 우선으로 합니다. 불면이 심하면 뜸 치료를 병행합니다.

간울형

정신적으로 긴장되고 우울하고 가슴이 답답하고 화가 납니다.

상열감과 땀이 나고 별다른 이유 없이 감정이 흔들립니다. 변비와 무른 변이 교대로 나타납니다. 이 경우도 기가 원할 하지 않은 것이 가장 큰 문제입니다. 위로 오른 기를 침으로 내리고 안정시켜 줍니다. 심한 경우는 한약 치료를 병행합니다.

4) 갱년기 관리

갱년기 증상을 개선하기 위해서는 평소에 신체를 관리하는 것이 중요합니다. 기혈순환이 제대로 되면 우리 몸은 스스로 치유하는 능력이 있기 때문에 자연스럽게 증상이 완화됩니다.

운동

갱년기 여성은 적당한 운동을 거의 매일 같이 유지해 주는 것이 좋습니다. 복잡한 기구와 많은 공간이 필요 없는 혼자서 어디서나 할 수 있는 운동이 제일 좋은 것 입니다. 그래서 도보 · 조깅이 상당히 유행하는데 조깅도 너무 과하면 몸에 안 좋습니다. 갱년기는 에어로빅 운동과 중력 운동이 좋습니다.

에어로빅 운동을 하면 몸에 있는 칼로리를 연소시켜서 체중을 줄이고 몸에 축적된 지방질을 줄일 수 있습니다. 그러므로 에어로빅 운동은 심장병에 효과가 있고 고혈압 · 비만증도 예방이 됩니다. 에어로빅 운동은 매트 위에서 뛰는 것만을 말하는 게 아니고 걷기 · 달리기 · 조깅 · 자전거 타기 · 수영 · 스키 · 춤 등을 다 포함하는 것입니다. 이 운동은 하루에 20~30분씩 일주일에 3~4회 하는 것이 적당한 것으로 알려져 있습니다.

체중을 받쳐 주는 중력 운동도 좋습니다. 중력에 반해서 하는 것인데 골다공증에 매우 탁월한 효과가 있습니다. 이 운동은 들어올리기 · 밀기 · 당기기 · 굽히기 · 펴기 등을 말하는 것입니다. 그리고 이 모든 운동은 자기 체질과 주위 환경에 맞고 또 자기 몸에 무리가 안 가는 범위 내에서 매일 조금씩 하는 것이 제일 좋은 방법입니다.

음식

음식과 영양은 갱년기에 매운 중요한 요소라고 볼 수 있습니다. 맛있고 귀하다고 해서 아무거나 먹는 것은 건강을 해치는 위험을 가져옵니다. 특히 과학적 근거가 없는 정력제, 체중을 빼는 약, 혈압에 좋다는 약들이 범람하기 때문에 이런 약들로 인한 부작용이 상당히 큰 현실적 문제를 야기시킵니다.

기본적으로 자기 몸에서 필요한 영양분은 대뇌 작용을 통해 먹고 싶다는 욕구로 나타나므로 먹고 싶은 것을 제때에 제대로 먹어 주면 기본적으로 영양 문제는 해결이 됩니다. 하지만 고지방 · 고당분 음식은 노화를 촉진시킵니다.

갱년기 때에는 매일 다양한 음식을 먹는 것이 좋습니다. 몸에 좋다고 신선한 과일이나 야채만 먹으면 영양 부족이 생길 수 있으니 골고루 먹는 것이 중요합니다.

체중을 자기 신장에 맞게 유지하며 지방질 · 당분은 되도록 많이 섭취하지 말고 염분과 알코올도 많이 섭취하지 않는 것이 좋습니다. 수분을 충분히 섭취하면 몸에 고여 있는 노폐물을 제거하는데 도움이 되고 피부에 수분이 원활히 공급되어 탄력이 생기고 윤택해집니다. 그리고 적당량의 섬유질을 섭취하면 소화기관이 튼튼해집니다.

3. 남성 질환 – 전립선

1) 전립선 질환 증상

일반적으로 양성 종양에 속하는 전립선 비대증은 내선에서 일어나고, 악성 종양인 전립선암은 외선에서 생겨 심해지면 내선으로 옮아갑니다. 전립선암은 양성의 전립선 비대증을 동반하기도 하지만 별개의 질환입니다.

전립선암은 미국에서 가장 흔한 암이며 암으로 사망하는 가장 큰 원인이 되기도 합니다. 전체 암 환자의 21%를 차지하고 있으며, 70대에서는 무려 40%가 전립선암을 갖고 있다고 합니다. 특히 흑인에게 많이 발생합니다.

주로 오래 앉아 생활하는 경우에 많이 발생합니다. 이 암은 남성 호르몬인 테스토스테론의 영향을 받아 증식하고 퍼집니다. 따라서 남성 호르몬의 과용 때 암의 발생률이 높을 수밖에 없습니다.

특별한 자각 증상 없이 시작하다가 점차 진행되면서 전립선 비대증과 유사한 증상을 보입니다. 전립선은 요도를 감싸고 있기 때문에 여기에 이상이 생기면 배뇨 장애가 일어납니다. 즉 소변 보기가 힘들어지면서 소변 줄기가 가늘고 작아집니다. 배뇨하는 힘이 감퇴하여 졸졸거리거나 똑똑 떨어질 정도가 되며 뒤끝이 개운치 않습니다. 이를 잔뇨감이라 합니다.

심할 때는 아예 소변을 보기가 어려워 불두덩이 터질 것만 같습니다. 야간 빈뇨로 고생하는가 하면 소변 속에 실 같은 흰 분비물이 둥둥 떠다니기도 하고 혈뇨가 비치기도 합니다. 음경이나 불두덩 또는 허리나 항문 쪽으로 부풀어 터질 듯이 뻐근한 느낌을 갖기도 합니다. 변비, 부종을 보이기도 합니다.

암이 퍼지면 정낭을 침윤하는 경향이 강하며 림프나 혈관을 따라 골반 내 임파선에 잘 전이되어 요추나 척추, 골반뼈로 변화를 초래하여 이들 부위에도 통증을 일으킵니다. 그래서 요통을 진찰하다가 전립선암을 발견하는 경우도 있습니다. 초기에는 전립선을 적출하지만 후기 암에서는 고환을 제거하기도 합니다. 까닭에 조기 발견, 조기 치료를 해야 하며, 무엇보다도 예방이 중요합니다.

2) 전립선 질환 예방법

전립선암을 예방하려면 다음과 같이 해야 합니다.

1. 40대 이후부터 커피를 하루 2잔 이상 마시지 말 것.
2. 지방질 식품을 지나치게 먹지 말 것. 특히 붉은 살코기는 나쁘다.
3. 오래 앉아 있지 말고 자주 일어나 운동할 것.
4. 때때로 회음부를 마사지해 줄 것. 회음부란 항문과 고환 사이를 말한다. 바로 이 부위에 전립선이 위치하고 있다.
5. 일광욕을 자주 쬘 것. 그러기 위해서는 수영이 가장 좋은 운동으로 꼽힌다.
6. 당근 등 비타민 A를 활성화시키는 식품을 많이 먹을 것. 호박, 감, 귤 등도 좋다.

7. 김치, 된장, 간장 등 발효식품을 많이 먹을 것. 서구화된 식사습관보다 우리 고유의 식단을 지키는 것도 좋은 방법이다.

요구르트는 항암 효과가 있는 식품으로 알려져 있습니다. 같은 이치로 김치나 된장도 발효식품이기 때문에 항암 효과가 있으리라 생각되고 있습니다. 김치는 발효하는 과정에서 유기산이 형성되어 항암작용을 하는 유산균의 보고이기도 합니다. 김치가 잘 익었을 때 1그램당 유산균이 1,000만~1억 마리가 들어 있다고 할 정도입니다. 김치는 비타민 C, 카로틴, 클로로필, 식이섬유 등도 풍부해 암 예방 효과와 암세포 성장을 억제하는데 도움이 됩니다.

3) 전립선의 한방 치료
전립선의 치료가 어려운 것은 국소적인 문제가 아니라 전신적인 문제에서 비롯된 질환이기 때문입니다.

한의학적으로는 여자의 자궁과 남자의 전립선을 비교하여 설명할 수 있습니다. 한방에서 본 여성 생리는 자궁 중심입니다. 여성이 자궁에서 힘을 아래로 끌어당겨 전신의 기 순환을 한다면 남성 생리는 심장 중심입니다. 위의 심장에서 아래쪽으로 힘을 내려서 전신 기 순환을 합니다. 다시 말씀드리면 혈기가 아래쪽으로 가야 하는데 여자는 아래에서 당기는 힘, 남자는 아래로 미는 힘으로 내려가는 것입니다.

자궁이나 전립선에 문제가 생겼을 때, 여자는 아래(하초)에서 남자는 위(상초)에서 문제를 찾습니다. 술을 많이 마시면 기가 위로 올라갑니다. 따라서 술을 많이 드시는 분들이 전립선 문제가 생기는 것입니다. 스트레스를 많이 받아 혈기가 가슴에 차서 아래로 내려가지 못해도 전립선에 문제가 생깁니다.

한의학에서는 위에 막혀 있는 기를 아래로 내려 보내는 침 치료와 뜸 치료로 전립선 문제를 해결합니다. 실제로 뜸을 뜨는 것만으로 전립선암이 완치된 케이스가 있습니다.

음양곽차도 도움이 됩니다. 12~20그램을 물 3대접에 붓고 10분 정도만 끓여 하루 동안 나누어 마시면 됩니다. 《동의보감》에는 음양곽에 대해 이렇게 설명하고 있습니다.

"음양곽은 허리와 무릎이 약하고 힘이 없고 아픈 것을 도우며 장부의 양기가 떨어져 음위증이 된 데, 여인의 음기가 떨어져 아이를 낳지 못하는 데, 노인의 노망이나 중년의 건망에 좋으며, 기력을 나게 하고 근육과 뼈를 굳세게 한다. 장부가 오래 복용하면 아이를 얻게 된다."

쉽게 구할 수 있는 것 중에서는 감식초가 좋습니다. "감에는 기절할 만큼 기막힌 7가지 장점이 있다."고 《동의보감》에 기재되어 있을 정도로 감은 몸에 좋습니다. 비, 위, 장 소화기관 기능을 강화하고 신경을 진정시키며, 불면증에도 좋고, 중풍을 예방하며 추위를 이기고 피부미용에도 좋습니다.

식초 역시 나쁜 콜레스테롤을 줄이면서 인체에 좋은 영향을 주는 양질의 콜레스테롤을 증가시켜 혈액을 정화합니다. 아미노산이 간장 강화작용을 하므로 감과 식초가 배합되어 이런 작용을 더 상승시킵니다.

4. 화병

1) 화병의 정의

화병(울화병)이라고 표현하는 스트레스 질환은 원래 한의학적 개념입니다. 옛 어른 들은 가슴의 답답한 느낌, 치밀어 오르는 열감을 화로 표현하였습니다. 물질적인 변화(기질의 변화)가 없기 때문에 양의학적으로는 알 수 없습니다. 단지 스트레스 질환이라고 통칭합니다.

한의학에서는 기능을 중심으로 보았기 때문에 몸에 나타나는 느낌이나 얼굴색의 변화를 세밀하게 관찰하여 화병을 진단하고 치료합니다. 물질적인 변화가 없다고 할지라도 환자가 호소하는 증상보고 병으로 인정하고 치료했던 선조들의 지혜가 한의학에 담겨져 있습니다.

화병은 스트레스로 인하여 발생하는 분노와 억울함과 같은 감정이 누적되다 화의 양상으로 폭발하는 증상을 가집니다. 화병의 증상은 몸의 열기, 답답함, 치밀어오름, 덩어리 뭉침과 같은 신체적인 증상과 억울함 및 분함 등의 정신적인 증상을 함께 가지고 있는 신체 및 정신의 복합장애입니다. 화병은 한국의 문화와 밀접하게 관련이 있으며, 한국 사회에서의 분노 문제와도 연관이 높은 사회적 질환이기도 합니다.

화병은 환경에 의해 유발된 분노 감정을 참음으로 발생하고, 유사한 경험이 반복되면서 화가 누적되어 발생하는 심인성 반응성 만성 신경증적 장애로 한국인의 대표적인 스트레스 질환입니다. 예전에는 많이 참고 살아야 했던 며느리들이나 어머니들에게 많이 발생했던 질환인데 요즘은 직장인들에게서 많이 보입니다. 가슴이 답답해서 잠을 못 주무신다거나 머리 정수리에서 불이 난다고 호소하십니다. 실제로 사혈을 해 보면 피가 많이 고여 있습니다. 화병(스트레스)으로 인해 기와 혈이 위로 올라갔기 때문입니다.

2) 화병의 한방 치료

화병은 보통 침 치료와 뜸 치료를 병행합니다. 오래된 병일수록 다른 질환을 겸한 경우가 많기 때문에 부드럽게 치료할 수 있는 뜸 치료가 우선입니다. 뜸 치료는 침 치료와 같이 생체의 기혈 운행과 신기腎氣의 활동을 강화하여 치료 효과를 얻는 것이며 조기치신調氣治神 작용입니다.

화병은 그 특성상 인체 상부에 열기가 나타나고 복부나 다리 등 인체 하부는 오히려 차가운 경우가 많습니다. 이는 인체 내의 수화水火의 불균형으로 인한 것으로, 이러한 경우에 뜸을 사용합니다. 뜸은 몸의 아랫부분을 따뜻하게 함으로써 기혈氣血의 순환을 촉진하고 원기元氣를 북돋워 주는 역할을 합니다. 저는 환자 분들에게 반신욕을 권하는데 위는 차게 아래는 따뜻하게 하여 기의 순환을 돕는 것입니다. 화병 치료에도 적용될 수 있습니다.

또한 화병 환자는 소화 장애 등 복부 증상을 동반하는 경우가 많습니다. 이는 스트레스가 정신·신체 질환에 미치는 영향으로 해석될 수 있으며 한의학의 간기범위肝氣犯胃로 해석되고, 이때의 뜸 치료는 주로 복부의 경혈을 많이 응용합니다.

중완하완中脘下脘은 소화기 증상이 있는 사람들에게 많이 활용되며 기해氣海와 관원關元은 차가워진 인체 아랫부분에 뜸의 기운을 더해 원기를 북돋우고 기혈의 순환을 원활히 하며 너무 올라간 열기가 순환을 하여 다시 아래로 내려올 수 있게 하고자 하는 목적에서 시행될 수 있습니다. 보통 3~7장 정도의 뜸을 뜨며, 간접적으로 따뜻하게 할 경우는 10~20분 정도 실시합니다.

오래 전부터 정신적인 문제와 신체적인 문제를 하나로 보고 치료한 한의학은 현대의 스트레스 울화병으로 인한 증상을 진단 · 치료하는 것에서 더욱 효과적이라고 할 수 있습니다.

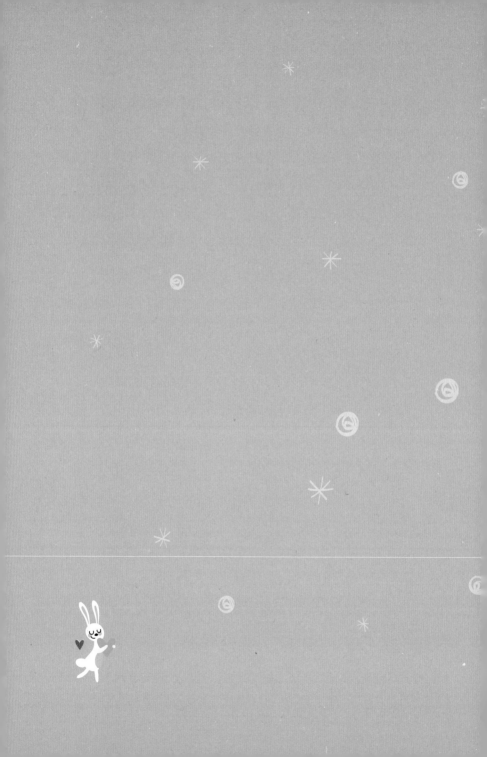

#04

미세먼지와
면역

요즘 가장 문제가 되고 있는 미세먼지와 면역에 대해서 말하고자 한다.

미세먼지는 PM으로 표시되는데 초미세먼지는 PM2.5 이하, 즉 지름이 2.5마이크로 미터 이하인 공기 중 부유입자를 말한다. 초미세먼지는 2013년 10월 세계보건기구^{WHO}에서 발암물질로 처음 인정받은 것으로 뇌종양 백혈병 자궁경부암 등 다양한 악성종양을 유도할 수 있다.

또한 초미세먼지에 장기간 노출되면 기대수명을 줄이고 천식 기관지염 심혈관질환 등 다양한 만성질환의 발생률도 높일 수 있다.

WHO 미세먼지의 정의

PM$^{Particular\ matter}$은 공기 오염물질에 대한 지표이다. 미세먼지는 어떤 다른 오염물질보다 인간에게 더 영향을 미친다. PM의 주요 구성 물질은 설파이드 암모니아 미네랄 먼지 블랙카본, 물 등이 있다. 미세먼지는 공기 중에 부유하는 유기물질 무기물질의 고체 액체의 혼합이다. 지름이 10마이크로나 그 이하인 미세먼지는 폐안 깊숙이 침투하고 지름 2.5이하의 초미세먼지는 폐경계를 뚫고 나가 혈액순환체계까지 들어간다. 미세먼지의 만성적인 노출은 심혈관과 호흡기질환을 유발 위험성을 높이면 폐암도 유발할 수 있다.

초미세먼지가 큰 입자보다 위험한 이유는 표면적이 넓어서 여러 가지 다양한 독성물질을 포함할 수 있고 입자가 작아서 인체 깊숙이 침투할 수 있다는 점이다.

코에서 걸러지지 않은 미세물질은 폐 깊숙한 곳까지 침투하여 폐혈관이 전신으로 산소를 보내는 과정에서 혈관을 타고 전신으로 퍼진다.

많은 연구에서는 초미세먼지로 인한 활성산소가 DNA 손상을 일으킨다고 한다. 손상된 DNA가 제때 복구되지 않으면 암을 유발한다. 초미세먼지는 단지 DNA 손상을 일으키는 게 아니라 DNA 회복을 억제 시킨다. 회복되지 못한 변형된 DNA는 계속 복제가 되어 암을 유발한다.

병원에서 "염증이 생겼다."라는 말은 누구나 최소한 한 번씩은 들어본 말이다. 하지만 정확히 염증이 무엇인지 왜 우리 몸이 염증으로 인해서 아픈지에 대해서는 잘 모른다. 미세먼지는 그 자체로 염증을 유발하는 물질이라서 미세먼지에 대해서 잘 알기 위해서는 염증에 대해서 알아야 한다.

염증의 반응은 열이 나고 붉어지고 붓게 되고 통증이 일어난다. 이런 반응은 감염(세균이나 바이러스)으로 인한 것이 아니라 우리 몸의 면역체계가 염증에 반응하는 현상이다.

염증은 혈관이 있어야 발생한다. 혈관 안에 백혈구가 바깥으로 나와서 활동해야 염증반응이 일어난다. (대표적인 것이 마크로파지, 대식세포이다.)

대식세포는 박테리아나 바이러스에 감염된 세포뿐 아니라 미세먼지로 인해 손상된 세포들에도 작용하여 염증반응을 일으킨다.

염증반응은 세포들 간에 신호전달로 일어난다. 사이토카인이나 키모카인 같은 세포 간 신호전달물질들이 혈관세포를 벌어지게 한다. 이렇게 벌어진 혈관벽 사이로 백혈구들이 모여서 손상된 세포들을 처리한다. 초미세먼지가 염증 사이토카인(신호전달물질)과 관련이 있다는 많은 연구가 있다. 초미세먼지가 일으키는 염증은 호중구와 알레르기를 일으키는 백혈구를 증가시킨다.

문제는 이 뒤에 있다. 백혈구들은 손상되거나 감염된 세포뿐만 아니라 주변 조직들도 손상시킨다. 이 손상되는 과정에서 열이 나고 붉어지고 붓게 되고 통증이 생기는 것이다. 우리가 소염진통제를 먹는 것은 이 과정을 단축시키려는 것이다. 정상적으로 건강한 혈액순환이 되는 사람은 혈관에서 단백질이 나와서 주변 손상된 세포를 회복시킨다.(연골 같은 조직은 혈관이 없어서 회복이 느리다.) 염증의 마무리는 재생이다. 만성염증의 문제는 손상된 세포들이 재생이 안된다는 것이다. 만성적인 염증은 세포를 변형시키고 암을 유발한다.

초미세먼지를 계속 흡입하게 되면 지속적으로 몸에서 염증 반응이 일어나고 만성염증으로 이어진다. 초미세먼지 자체가 유전자를 변형시키고 회복이 안되게 만들어 발암물질이기도 하지만 이렇게 만성염증을 일으켜 암을 유발하기도 한다.

초미세먼지에 대한
대책

결국 미세먼지는 우리 몸에 면역력으로 해결해야 한다. 미세먼지는 면역력이 약한 사람들에게 치명적이다.

1. 노인이나 아기들
2. 면역체계에 선천적 후천적인 결함이 있는 사람들
3. 수술이나 장기이식을 한 사람들
4. 항암치료받는 사람들
5. 면역억제제를 복용하는 사람들
6. 육체적 정신적 스트레스가 심한 사람들

WHO의 공기질 가이드라인^{Fine Particulate Matter (PM2.5)}

10 µg/m3 annualmean

25µg/m3 24-hourmean

Coarse Particulate Matter (PM10)

20 µg/m3 annualmean

50µg/m3 24-hourmean

초미세먼지를 피할 수 없다면 초미세먼지가 몸에 일으키는
세포 손상이나 염증을 해결해야 한다. 한약재들 중에 항염
작용이나 재생작용을 하는 한약재들이 있다. 아마도 한의사
와 한의학의 역할이 미래에는 더욱 커지지 않을까 생각한다.

미시세계로 들어가면 세포들 간의 신호 전달 뿐 아니라
DNA가 단백질이 되는 과정에서 정말 많은 일들이 일어난
다. 단백질이 된 후에도 얼마나 오랫동안 단백질이 머물러있
을지 어떻게 단백질을 가공해서 쓸지 다양한 경로를 통해서
많은 일들이 일어난다.

우리 몸의 유전자 수보다 우리 면역세포의 종류(다른 리셉

터를 가진)가 비교할 수 없을 만큼 많다. 유전자에서 면역세포가 생기는데 어떻게 이런 일이 가능한 것일까?

면역세포가 우리 몸에서 유전자재배열과정을 거치기 때문이다. 아무튼 사람의 몸은 정말 복잡하고 다양한 과정을 거쳐서 만들어지고 작용한다.

공부를 할수록 한의학에서 말하는 "기"라는 부분이 이해가 간다.

아직도 미시세계는 밝혀지지 않은 것이 많다. 이런 것들을 선조들은 몸의 흐름, 기의 흐름으로 파악을 하고 관찰하여 치료한 것이다.

많은 사람들이 오해하는 것은 한의학이 과학적이지 않다는 것이다. 그냥 대충 선무당 같은 말로 치료한다고 오해한다. 한의학은 한의학만의 체계가 있다. 사람에 따라 달라지는 병의 흐름과 양상을 파악하고(사람의 성정이나 체질, 후천적인 영향 등을 고려한다.) 그 안에서 체계를 세워서 사람을 고친 것이다. 그 옛날 백신도 없고 치료기기와 진단기기가 없을 때 우리 몸의 흐름을 자세히 관찰하여 "기"라는 용어로 표현을 하고 가장 자연스러운 방법으로 우리 면역력을 회복시켜 스스로 병을 이기게 한 것이다.

현대사회가 더 복잡해지고 미세먼지가 많이 생겨 환경으로 인한 질환이 생겼을 때 우리의 대처는 면역력의 회복이라고 생각한다. 그 길에서 한의학이 답을 줄 수 있을 것이라 나는 생각한다.

원고를 완성하고 몇 번이나 다시 보았지만 내가 이야기하고자 하는 내용이 제대로 전달되었는지 알 수가 없었다. 글 쓰는 재주가 좀 더 있었으면 좋겠다.

날마다 바쁜 하루를 보내면서 스스로 성장하고 있는지, 환자 분들과 주변 사람들에게 좋은 영향을 미치고 있는지를 늘 자문한다.

나에게는 좋은 사람이 되는 것과 좋은 한의사가 되는 것이 크게 다르지 않다. 거울을 닦듯이 마음을 닦고 그 마음에 비추어 본다. 거울이 맑고 깨끗할수록 더 잘 보이듯이 내 마음을 정진하고 닦을 때 사물이든 사람이든 더 잘 보인다고 생각한다. 사람에 대해 잘 이해를 하고 깊이가 있어질 때 진정으로 사람을 살릴 수 있는 치료를 할 수 있다고 생각한다.

미래의 의학은 어떤 모습일까도 생각해 본다.

사회적 상황과 제도적인 부분, 문화적인 부분이 우리가 인식하지 못하는 사이 삶의 많은 부분을 바꾸어 놓는다. 한의학이라는 오랫동안 전수되어 온 학문도 역사의 흐름에 따라 조금씩 모습이 바뀌어 왔다.

한의학은 자연을 관찰하여 사람과 자연을 하나로 보고 발전한 한편 사회적인 흐름, 제도적인 부분도 반영하고 있다. 이것이 한의학이 철학(자연철학, 사회철학)을 바탕으로 한 학문이라고 하는 이유이다.

《동의보감》 내경 편內景篇 제1권에서는 "사람의 몸은 하나의 나라와 같다."라고 말한다.

"한 사람의 몸은 1개 나라의 형태와 같다. 가슴과 배 부위는 궁실과 같고 팔다리는 도회 변두리郊境와 같으며 뼈마디는 모든 관리들과 같다. 신神은 임금과 같고 혈血은 신하와 같으며 기氣는 백성과 같다. 자기 몸을 건사할 줄 알면 나라도 잘 다스릴 수 있다. 대체로 백성들을 사랑함으로써 그 나라가 편안할 수 있으며 자기 몸의 기를 아껴 쓰면 그 몸을 보존할 수 있다. 백성이 흩어지면 그 나라는 망하고 기가 말라 없어지면 몸은 죽어 버린다. 죽은 사람은 다시 살아나지 못할 것이고 망한 나라는 온전한 나라로 회복하기 어렵다. 그러므로 지인至人은 아직 생겨나지 않은 재난을 미리 알고 막아내며 병이 생기기 전에 치료하고 일이 생기기 전에 대책을 세우며 이미 잘못된 후 그것을 따라 추궁하지 않는다. 대체로 사람들을 키우기는 어렵지만 위태롭게 하기는 쉬우며 기는 맑아지기는 어려우나 흐려지기는 쉽다. 그러므로 권위와 은덕을 잘 배합해야 나라를 보존할 수 있으며 지나친 욕심을 버려야 혈기를 든든하게 할 수 있다. 그렇게 해야 진기가 보존되며 정精, 기氣, 신神 3자가 통일되어 온갖 병을 미리 막을 수 있고 더 오래 살 수 있다고 하였다."

내가 생각하기에는 한의학은 정체되거나 오래된 학문이 아닌 계속 발전하며 쌓여 가는 학문인 것 같다. 그때마다의 시대상과 자연상을 반영하면서 그것이 사람의 몸과 병을 보는 관점에 영향을 미쳐 왔다.

인공지능 의사가 나오는 시대에 한의학은 어떤 모습으로 바뀔 것인가?
사람의 기, 체질, 건강에 영향을 미치는 성품 등을 인공지능으로 진단이 가능할까?

다가올 미래에는 한의학이 가장 인간적인 학문으로 자리 잡지 않을까?

건강하지 않다는 것이 단순히 아픈 것, 병으로 진단받는 것이라는 범위를 넘어서 육체적인 활동과 정신적인 활동에 지장이 있는 모든 부분을 포함해야 한다고 생각한다. 아울러 개인이 가지고 있는 사회·환경적인 부분에 있어서의 문제점도 고려되어야 한다고 생각한다. 그런 점에서 한의학은 미래 의학으로 더 빛을 발하지 않을까 생각한다.

하루하루 내 자리에서 성실히 쌓아 가는 것.
그러면서 미래를 준비하는 것이 지금 내가 할 일이라고 생각한다.

운명같이 한의사가 된 것에 참 감사하고 앞으로는 더 좋은 사람, 좋은 의료인이 되길 소망한다.